Jo-Jo

Mathematik 1
Arbeitsheft

Herausgegeben von
Joachim Becherer
Dr. Andrea Schulz

Erarbeitet von
Joachim Becherer
Martin Gmeiner
Heike Keller
Mechthild Schmitz
Dr. Andrea Schulz
Franziska Stolze

 Deine **interaktiven Übungen** findest du hier:

1. Gib den unten stehenden Zugangscode in die Box ein.
2. Hab viel Spaß mit deinen interaktiven Übungen.

Dein Zugangscode auf
go.cornelsen.de

Die Nutzungsdauer für die Online-Übungen beträgt nach Aktivierung des Zugangscodes zwei Jahre. In dieser Zeit speichern wir deine Lernstandsdaten für dich; nach Ablauf der Nutzungsdauer werden sie gelöscht.

jkyq-mk-hgxh

Cornelsen

Inhaltsverzeichnis

Erzählen und zählen

Die Zahlen 1 und 2

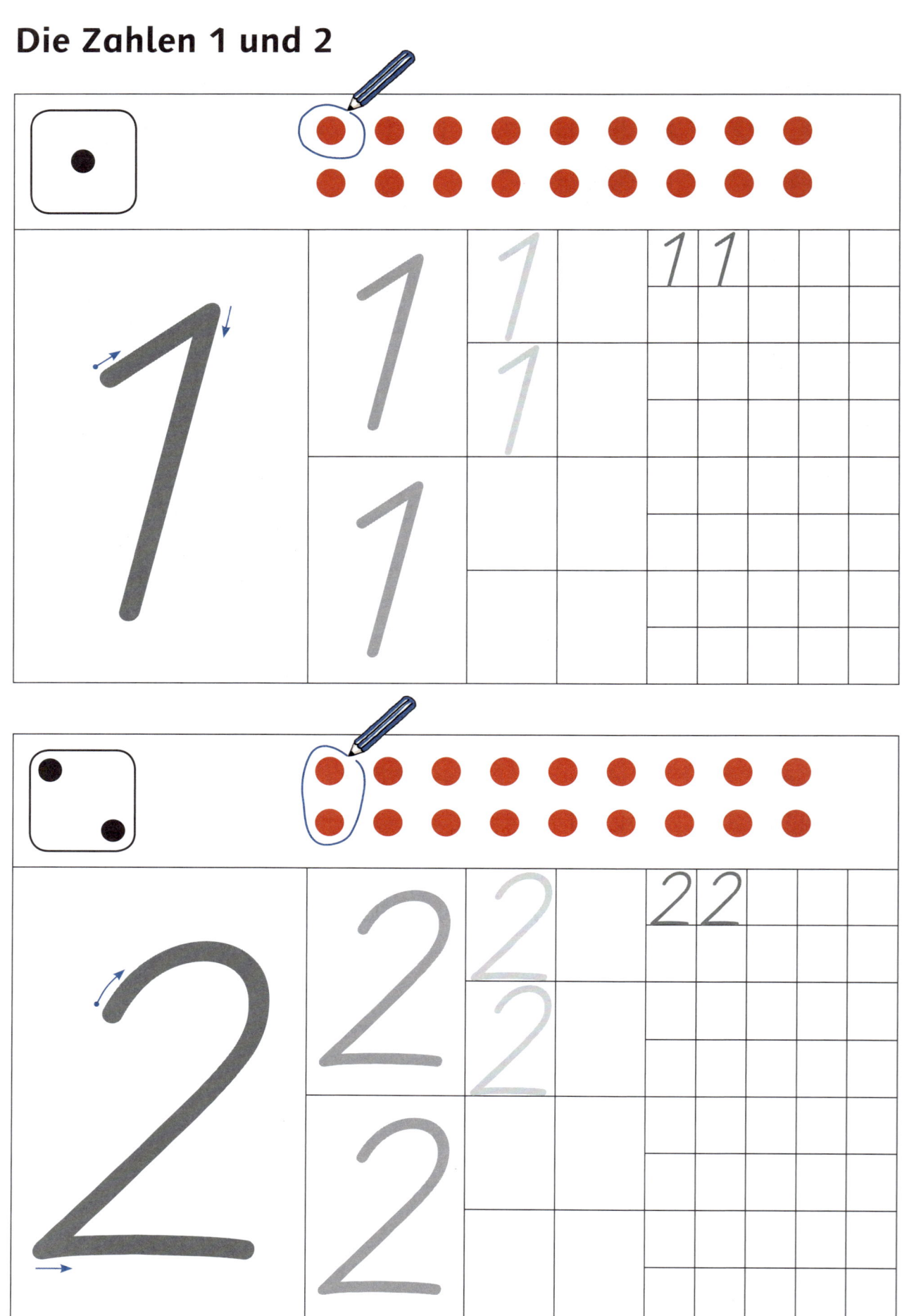

Der Zahlenraum bis 10

Die Zahlen 3 und 4

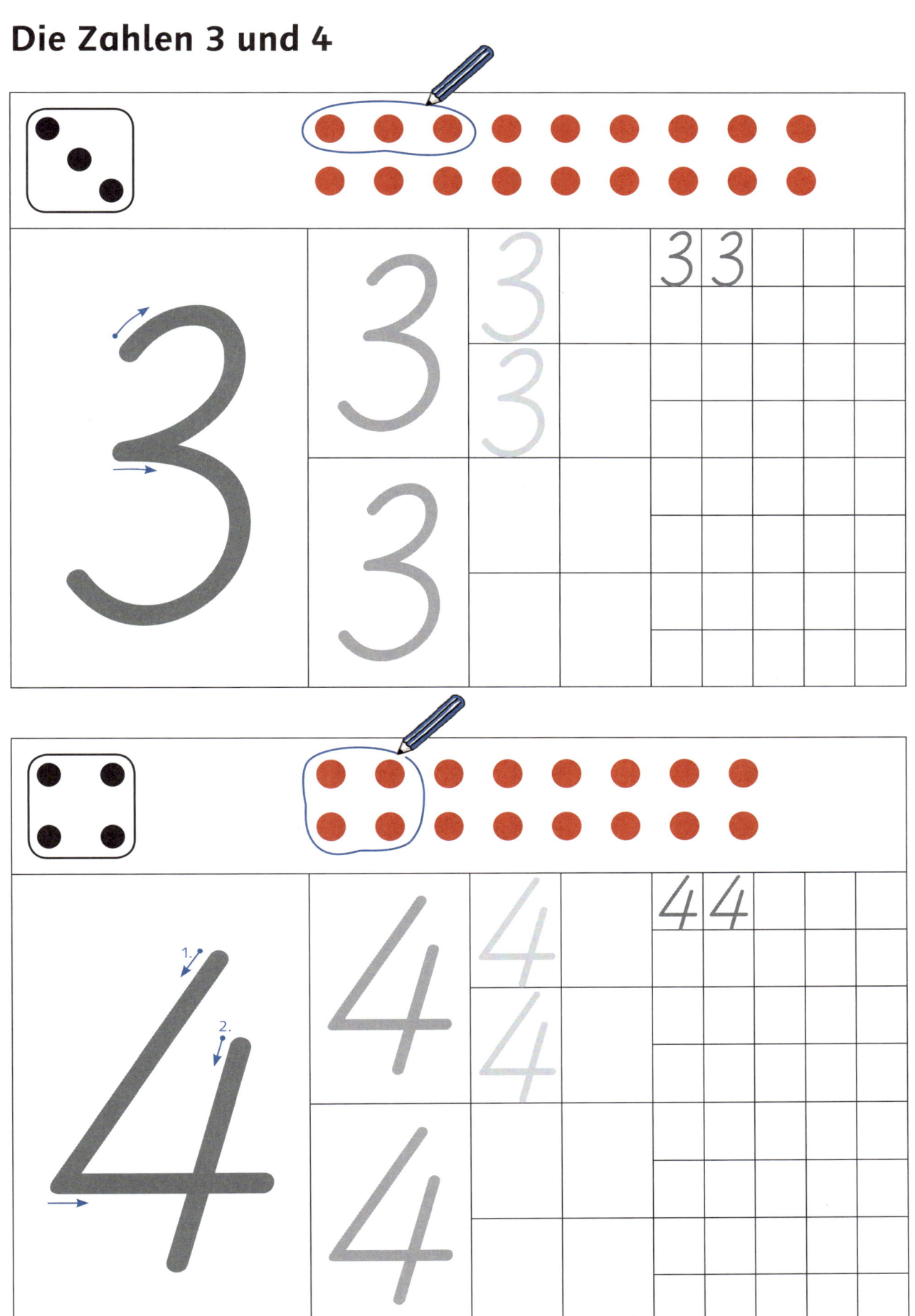

Die Zahlen 5 und 6

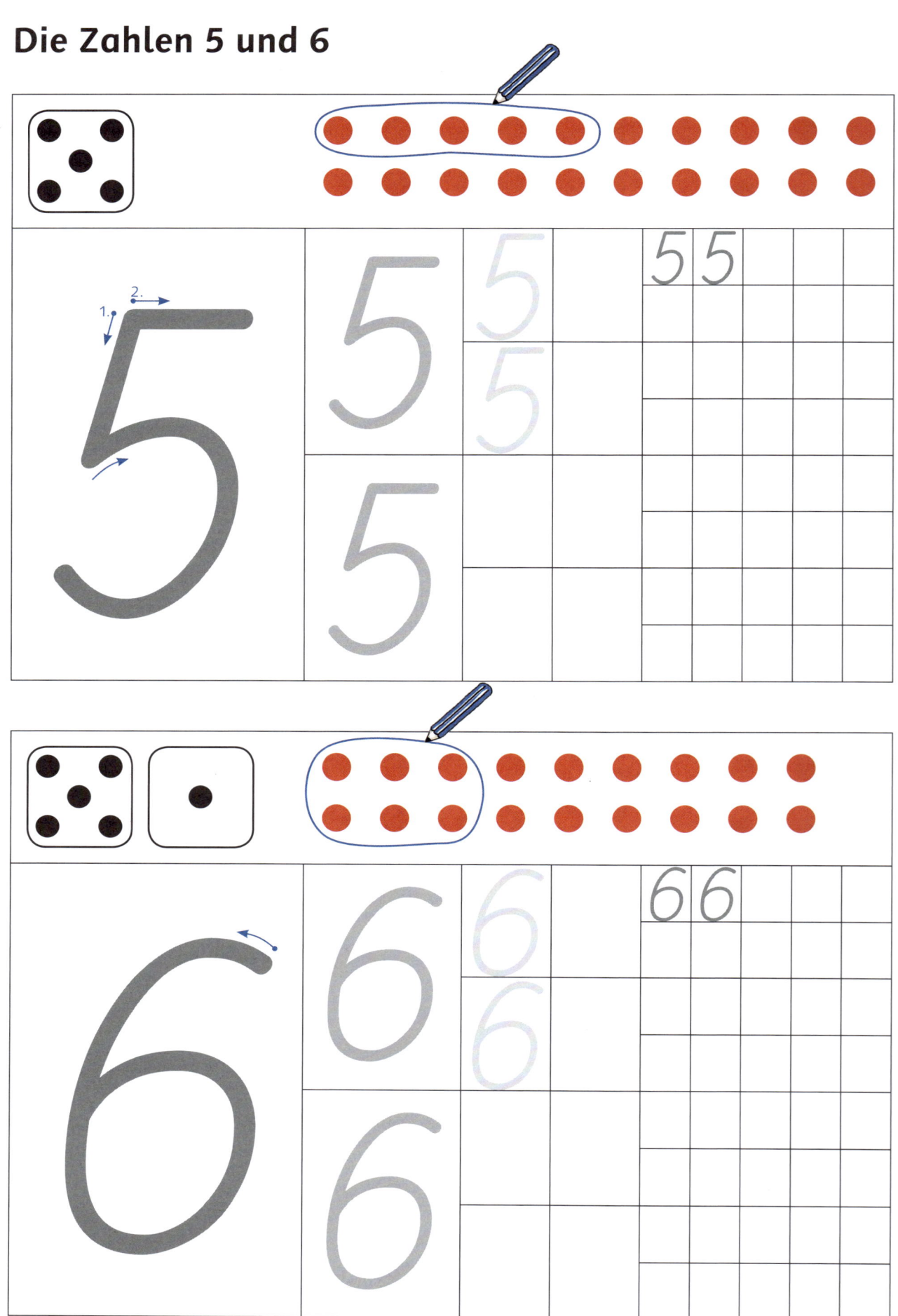

Die Zahlen 7 und 8

Die Zahlen 9 und 0

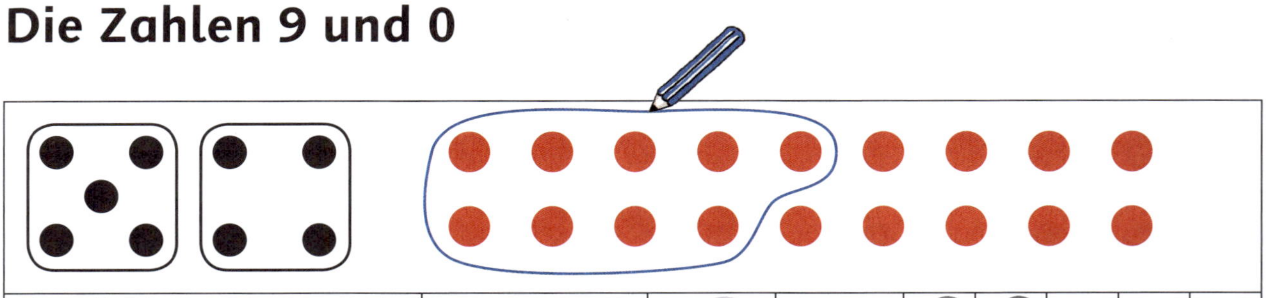

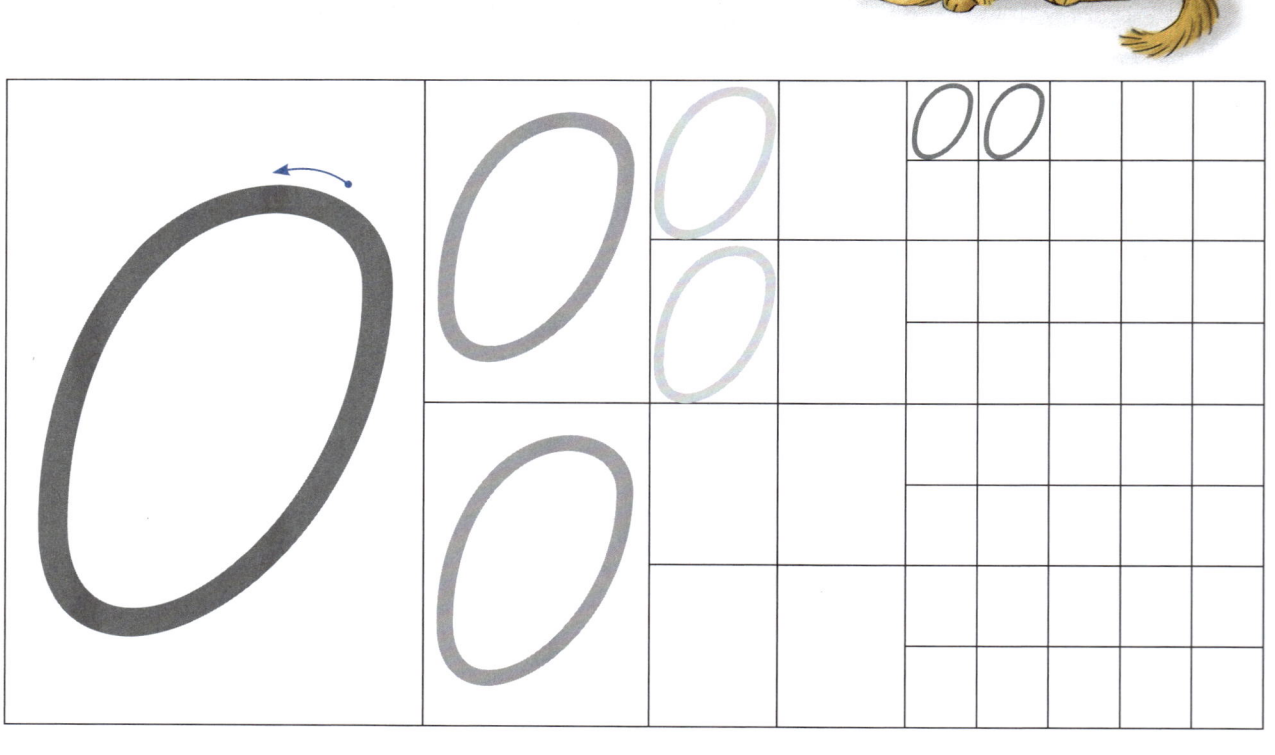

Der Zahlenraum bis 10

Zählen

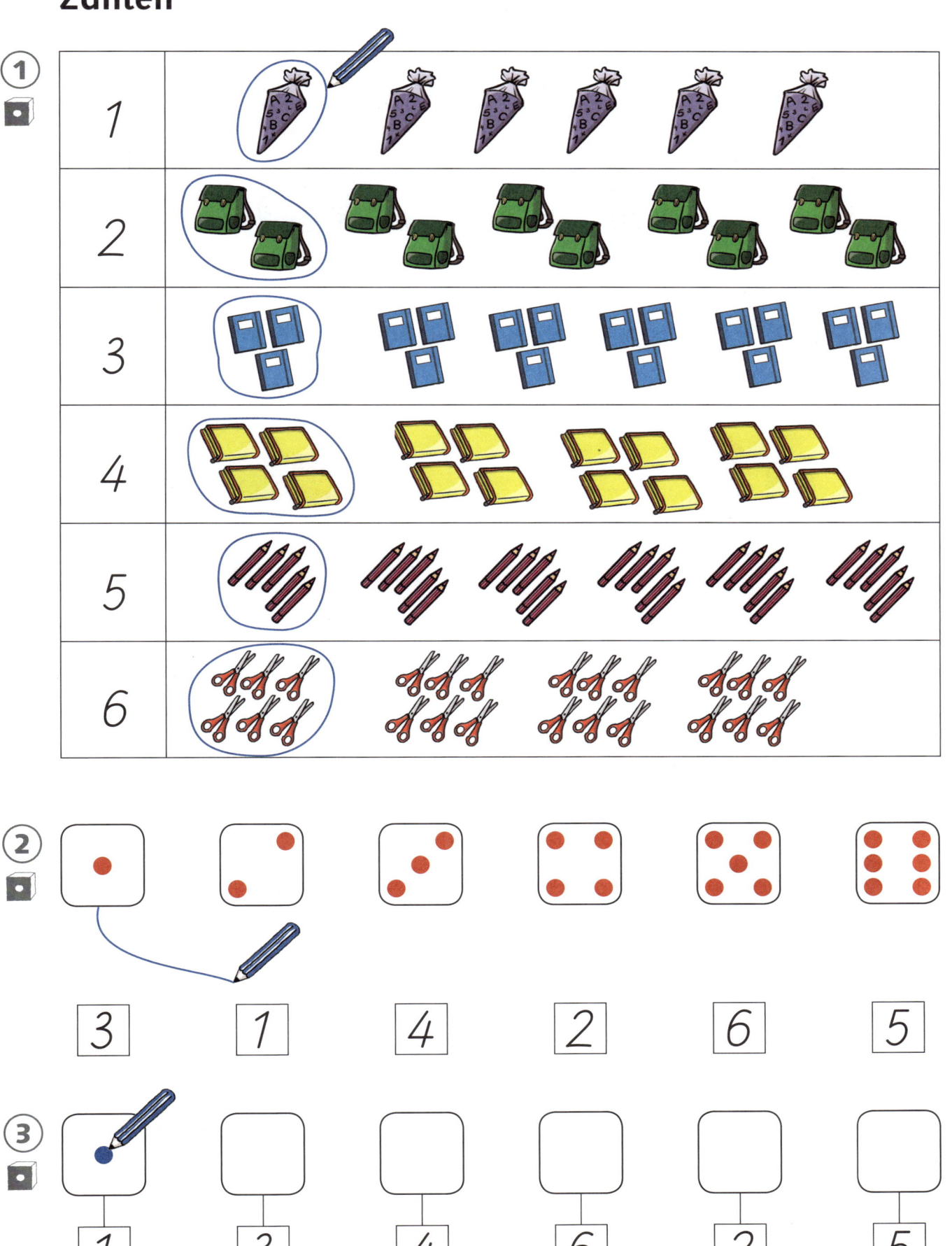

Zählen und malen

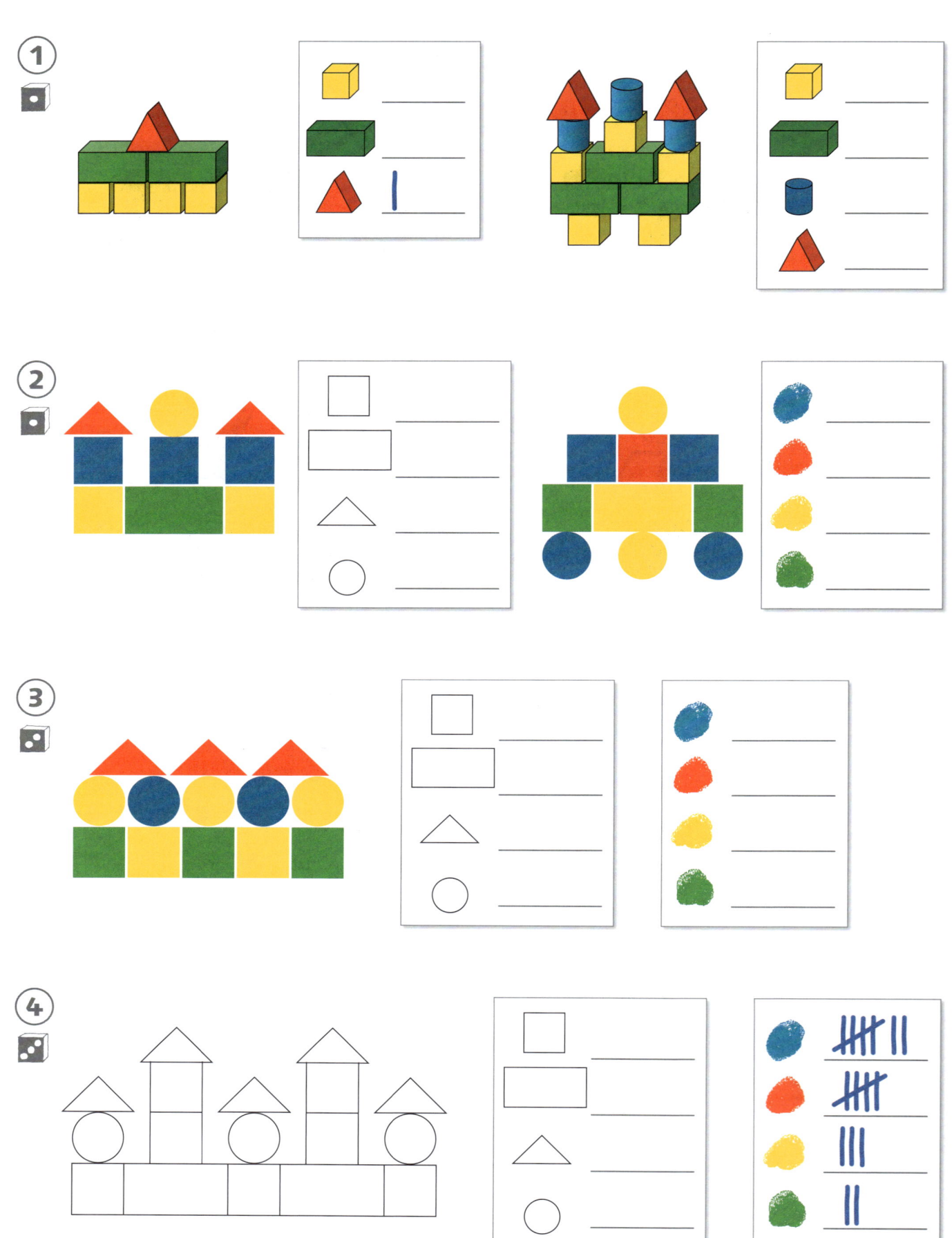

Der Zahlenraum bis 10

Lagebeziehungen (I)

1 Links oder rechts?

 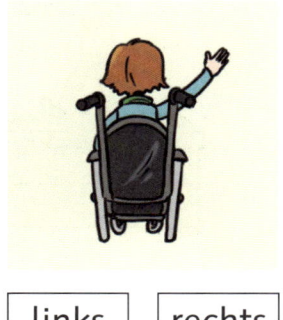  

| links | rechts | | links | rechts | | links | rechts | | links | rechts |

2 Welche Hand? Male an.

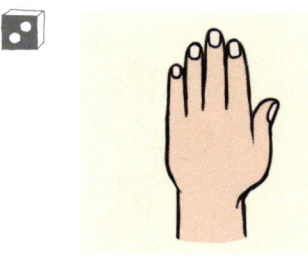 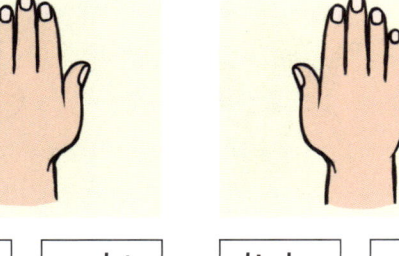 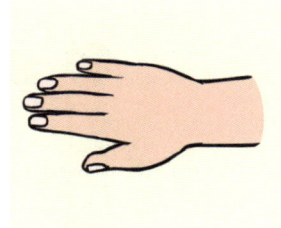 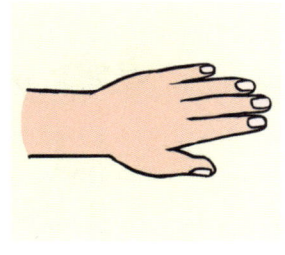

| links | rechts | | links | rechts | | links | rechts | | links | rechts |

3 Welche Hand? Male an.

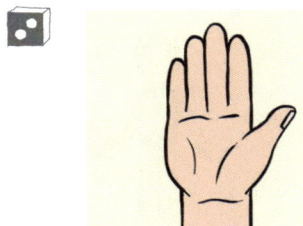 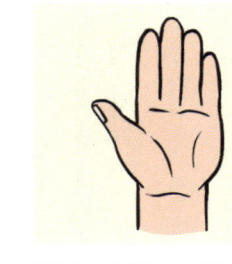 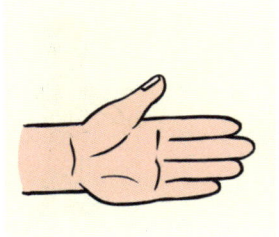 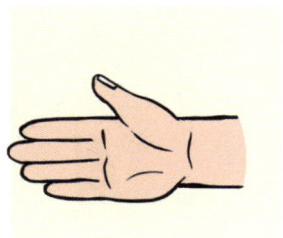

| links | rechts | | links | rechts | | links | rechts | | links | rechts |

4 Welcher Fuß? Male an.

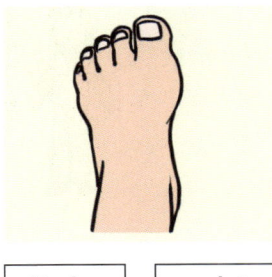 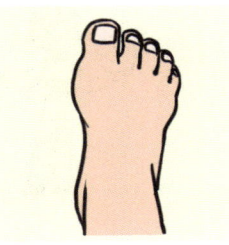 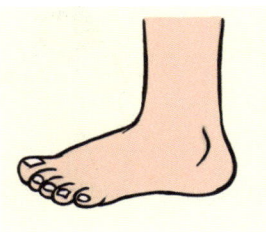 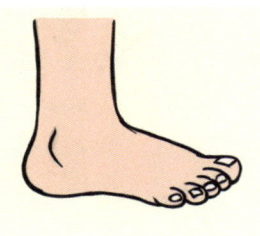

| links | rechts | | links | rechts | | links | rechts | | links | rechts |

Lagebeziehungen (II)

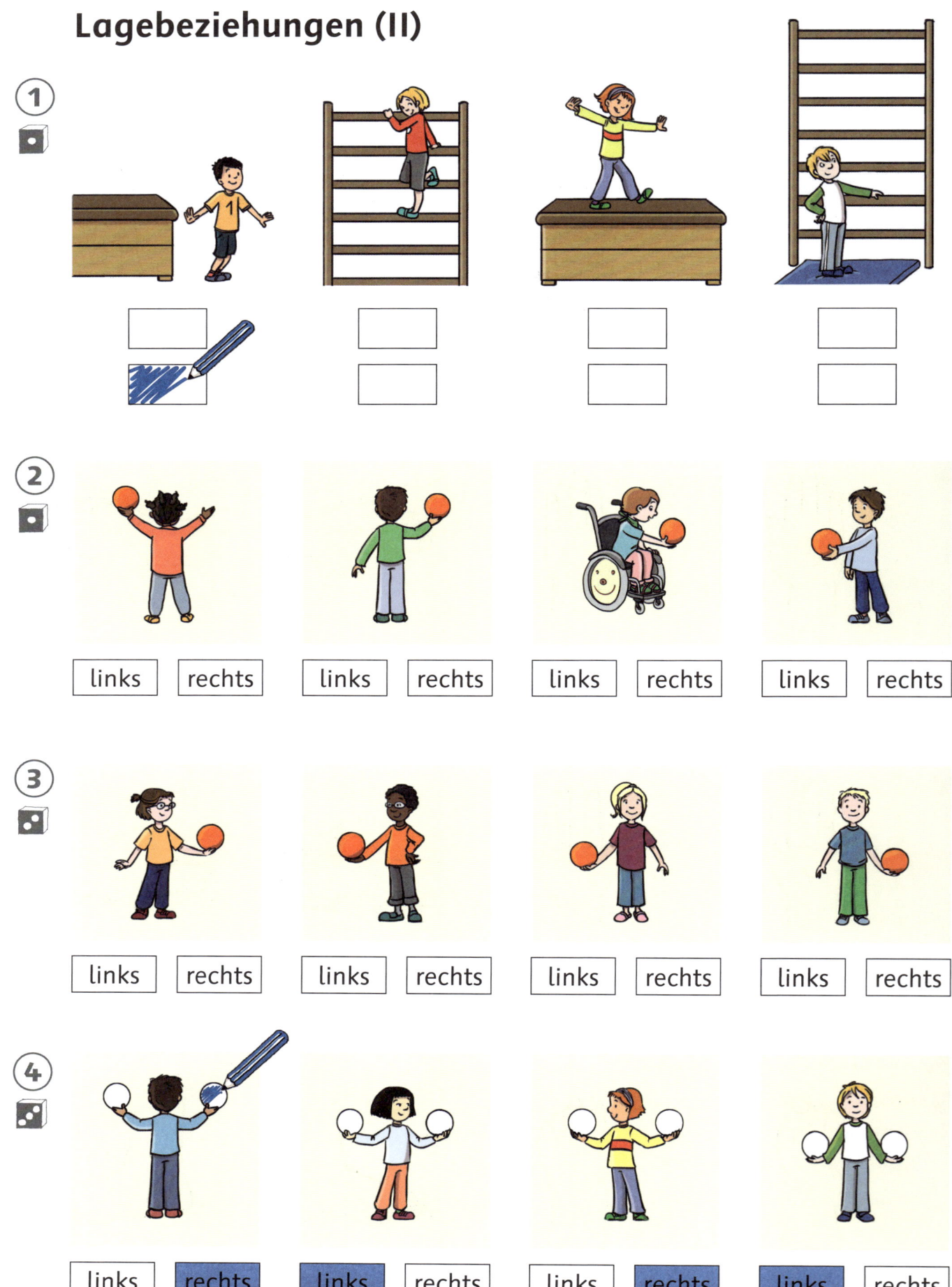

1

2

links rechts   links rechts   links rechts   links rechts

3

links rechts   links rechts   links rechts   links rechts

4

links **rechts**   **links** rechts   links **rechts**   **links** rechts

Der Zahlenraum bis 10

Anzahlen darstellen

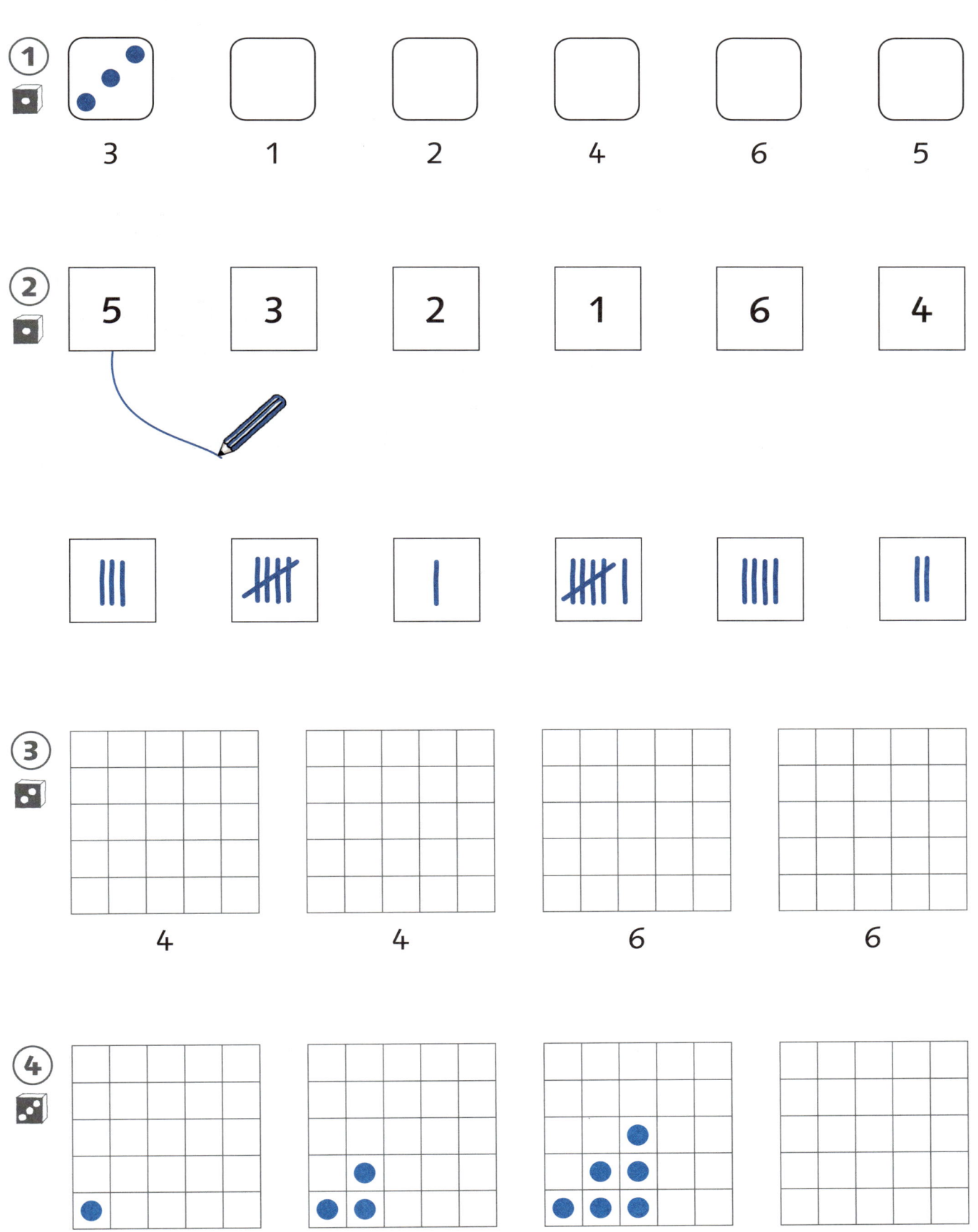

① 3   1   2   4   6   5

② 5   3   2   1   6   4

③ 4   4   6   6

④ ___   ___   ___   10

Die Zahlen 1 bis 10

1

2

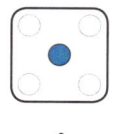   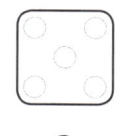   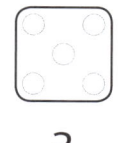      

1   2   3   4   5

      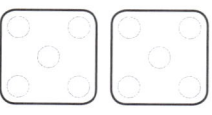   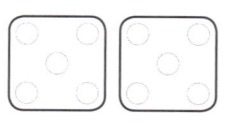

6   7   8   9   10

Fünf und mehr

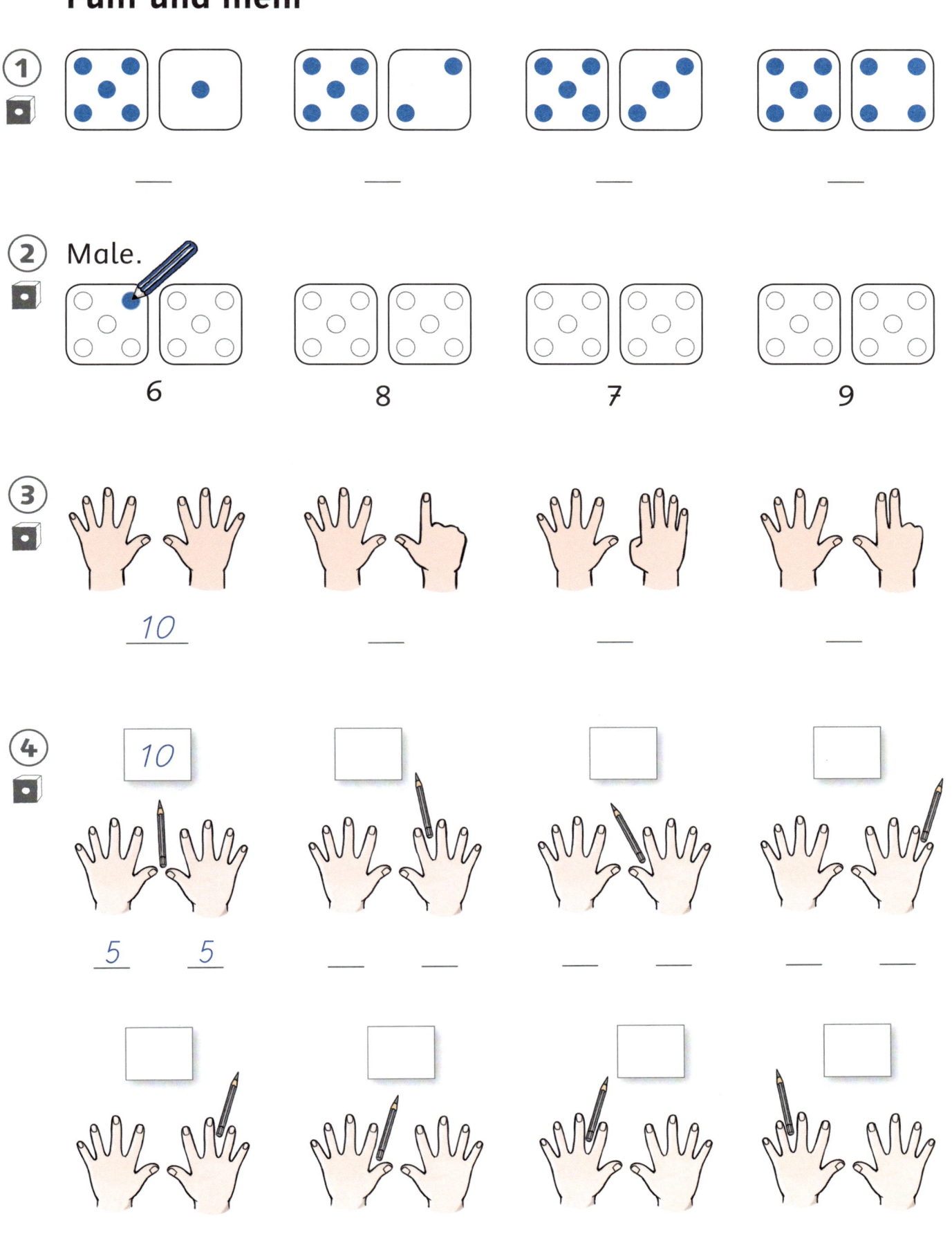

①

② Male.
6   8   7   9

③
10   ___   ___   ___

④
10   [ ]   [ ]   [ ]
5 5   ___ ___   ___ ___   ___ ___

[ ]   [ ]   [ ]   [ ]
___ ___   ___ ___   ___ ___   ___ ___

Zahlzerlegungen

 **1**

 6   6   6   6

      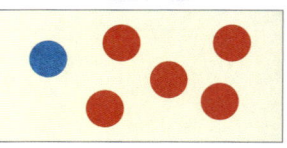

_4_ + _2_   __ + __   __ + __   __ + __

2

_8_   ☐   ☐   ☐

5 + _3_   6 + __   4 + __   1 + __

3

☐   ☐   ☐   ☐

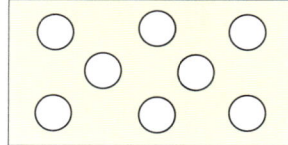   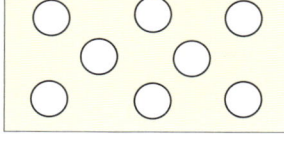   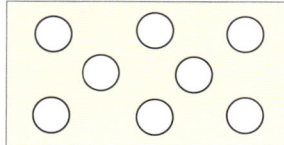   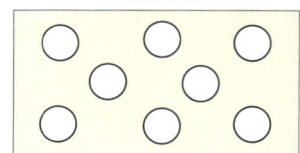

3 + __   1 + __   __ + 3   __ + 1

4

7   7   7   7

4 + __   2 + __   __ + 4   __ + 6

5 + __   6 + __   __ + 7   __ + 0

5

9   9   9   9

__ + 6   __ + 3   __ + 9   __ + 0

__ + 4   __ + 1   __ + 5   __ + 2

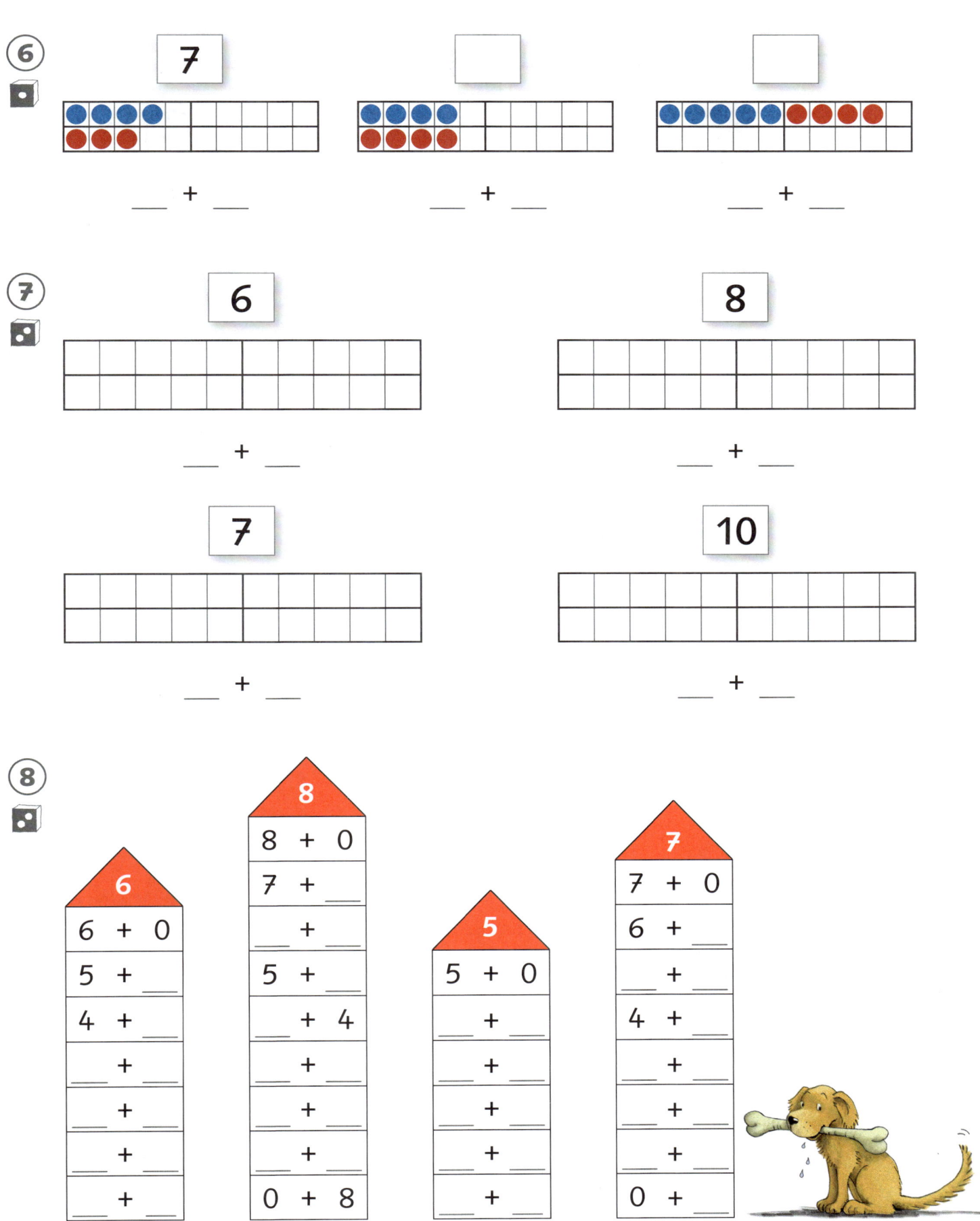

6

7

__ + __

__ + __

__ + __

7

6

__ + __

8

__ + __

7

__ + __

10

__ + __

8

6
6 + 0
5 + __
4 + __
__ + __
__ + __
__ + __
__ + __

8
8 + 0
7 + __
__ + __
5 + __
__ + 4
__ + __
__ + __
0 + 8

5
5 + 0
__ + __
__ + __
__ + __
__ + __
__ + __

7
7 + 0
6 + __
__ + __
4 + __
__ + __
__ + __
0 + __

Zahlenreihe, Vorgänger und Nachfolger

① ⚀

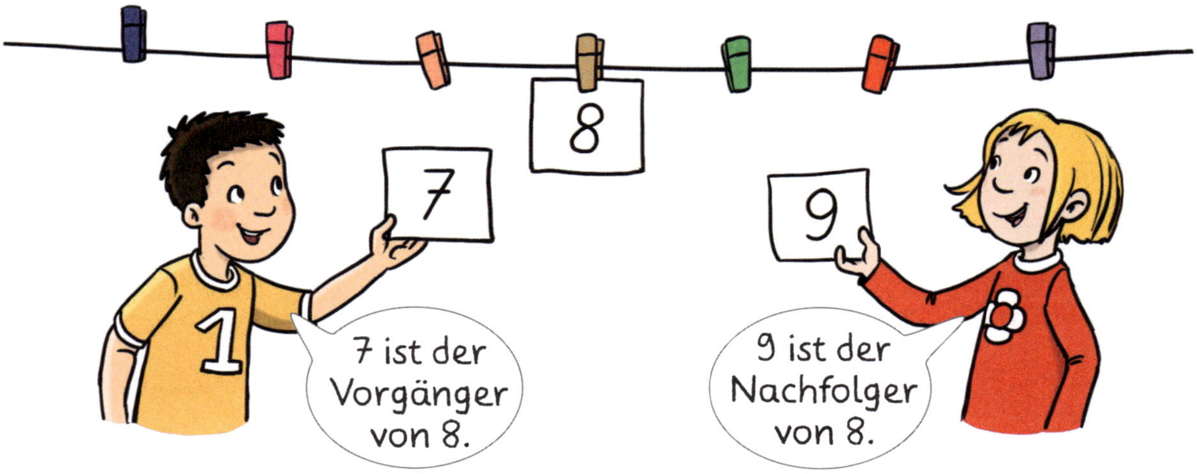

7 ist der Vorgänger von 8.

9 ist der Nachfolger von 8.

② ⚀

| 0 | | 2 | | | | | | 8 | | |

③ ⚀

| 4 | 5 | | | | | | | 2 | 3 | |

④ ⚀

| 10 | | 8 | | | 5 | | 3 | | | |

⑤ ⚀

| | 5 | 4 | | | | | 3 | 2 | | |

⑥ ⚀

4	5	
		7

Vorgänger	Zahl	Nachfolger
4	5	

⑦ ⚀

8		
		8

Vorgänger	Zahl	Nachfolger
8		

Zahlen vergleichen und ordnen

①  < ist kleiner als
> ist größer als

_3_ ◯ ___   ___ ◯ ___

② Setze <, > oder = ein.

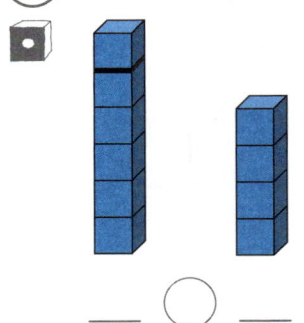   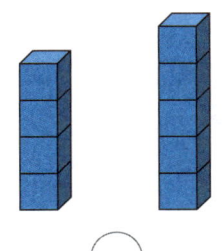   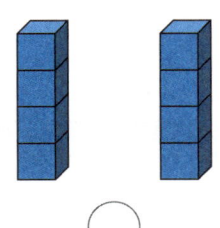

___ ◯ ___   ___ ◯ ___   ___ ◯ ___

③

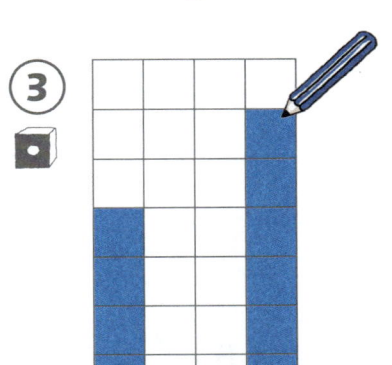   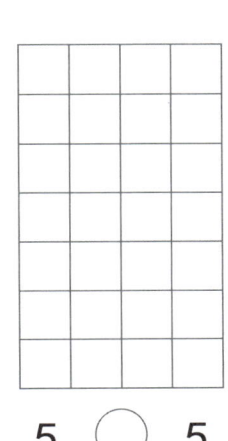   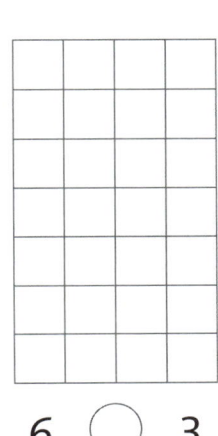

4 ◯ 6   5 ◯ 5   6 ◯ 3

④ 2 ◯ 6   9 ◯ 5   3 ◯ 7   8 ◯ 8   4 ◯ 9

5 ◯ 1   6 ◯ 6   10 ◯ 8   2 ◯ 5   6 ◯ 0

⑤ 5, 10, ~~2~~, 7, 8, 4   _2_ < ___ < ___ < ___ < ___ < ___

6, 9, 0, 3, 1, 8   ___ < ___ < ___ < ___ < ___ < ___

⑥ 5, ~~10~~, 2, 7, 8, 4   _10_ > ___ > ___ > ___ > ___ > ___

6, 9, 0, 3, 1, 8   ___ > ___ > ___ > ___ > ___ > ___

Der Zahlenraum bis 10   19

Wiederholung

①

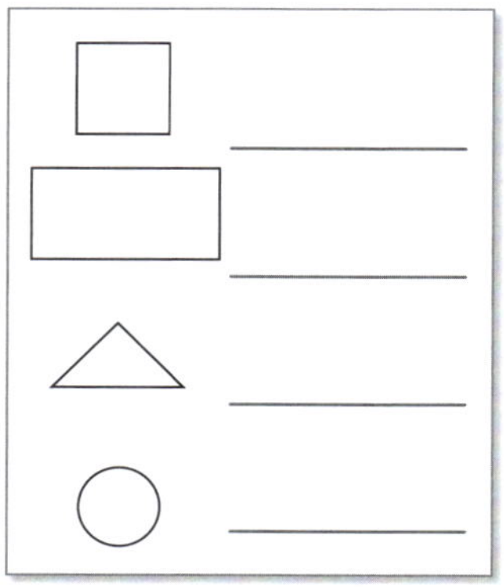

②

links rechts   links rechts   links rechts

③

| 10 | 10 | 10 | 10 |

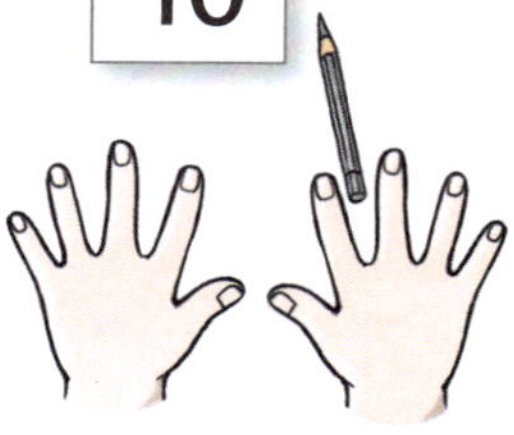

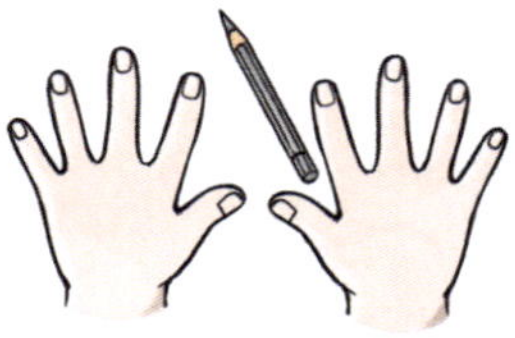

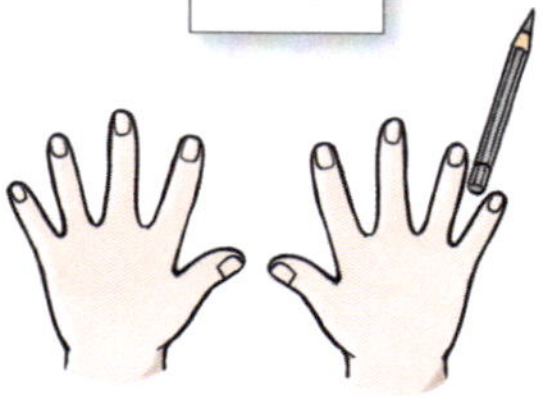

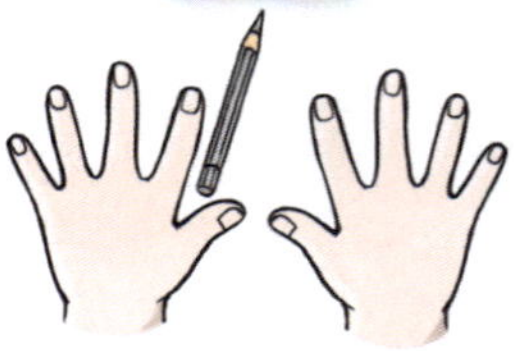

____ ____   ____ ____   ____ ____   ____ ____

④

| 5 | 6 | | | | | | | 4 | | 6 |

| 9 | 8 | | | | | | 9 | | 7 | |

⑤

<, =, >

8 ◯ 4   2 ◯ 6   7 ◯ 7   3 ◯ 1

0 ◯ 5   9 ◯ 4   4 ◯ 6   5 ◯ 9

Zählen bis 20

①

② Trage ein.

| 1 | | | | 5 | | | | 10 | | | |

③

| 3 | | | | 8 |

| | 6 | | | 10 |

| 13 | 14 | | | | |

| | 16 | | | 20 |

Verdoppeln und halbieren

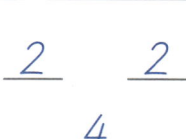
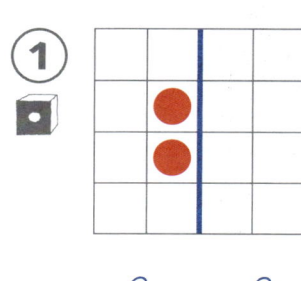
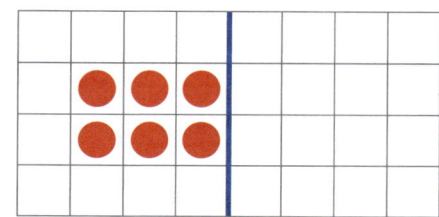
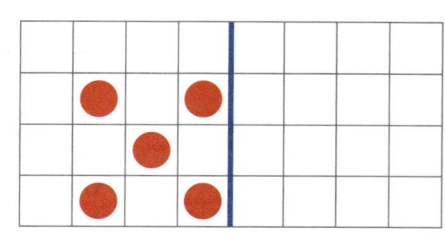

<u>2</u>   <u>2</u>
<u>4</u>

___   ___   ___   ___

___   ___

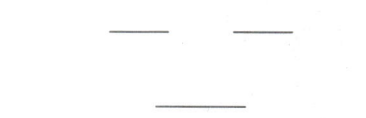

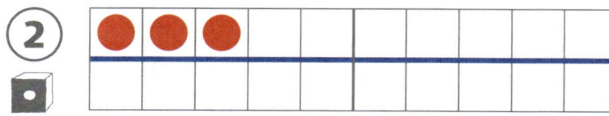

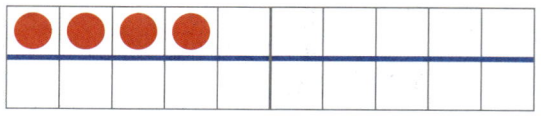

___   ___   ___   ___

___   ___

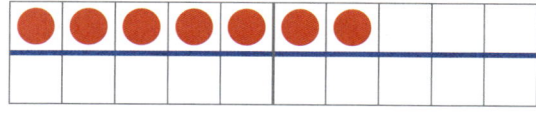

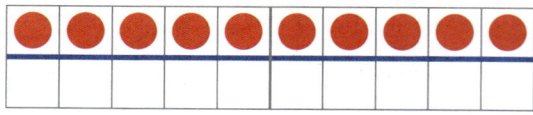

___   ___   ___   ___

___   ___

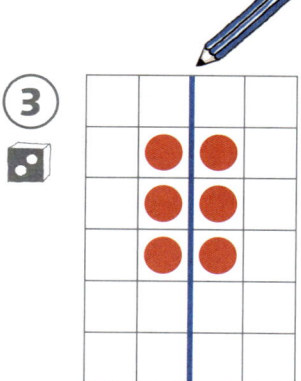

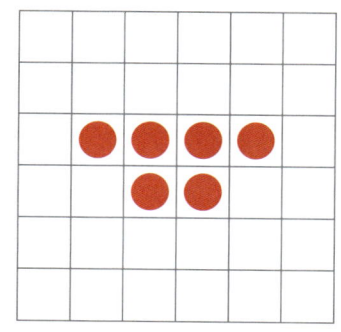

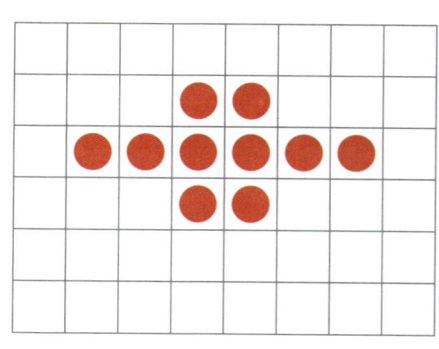

___   ___   ___   ___   ___   ___

___   ___   ___

Einführung der Addition

3 + 2 = ___   ___ + ___ = ___

___ + ___ = ___   ___ + ___ = ___

___ + ___ = ___   ___ + ___ = ___

___ + ___ = ___   ___ + ___ = ___

3 + 1 = ___   3 + 3 = ___

Übungen zur Addition

 1

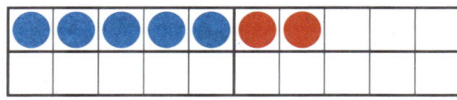

__ + __ = __

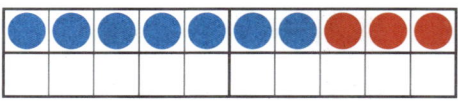

__ + __ = ___

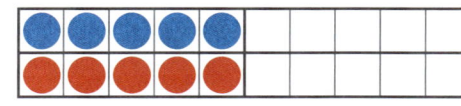

__ + __ = ___

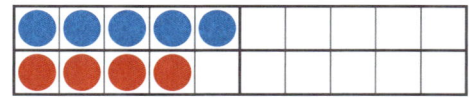

__ + __ = __

 2

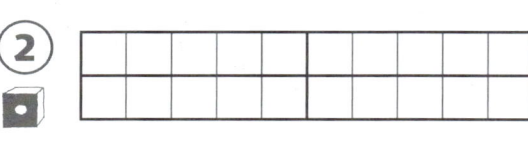

4 + 4 = __

3 + 4 = __

3 Rechne die Aufgabe und die Tauschaufgabe.

1 + 5 = __   _____   _____   _____

5 + 1 = __   _____   _____   _____

4 1 + 4 = __   4 + 6 = ___   1 + 7 = __   3 + 6 = __

4 + 1 = __   __ + __ = ___   __ + __ = __   __ + __ = __

5 Wie rechnest du?

| 2 + 7 | | 3 + 6 | | 1 + 8 | | 4 + 5 |

6 1 + 6 = __   2 + 2 = __   4 + 5 = __   3 + 3 = __

3 + 4 = __   5 + 3 = __   2 + 4 = __   1 + 9 = __

2 + 6 = __   2 + 3 = __   4 + 6 = ___   7 + 2 = __

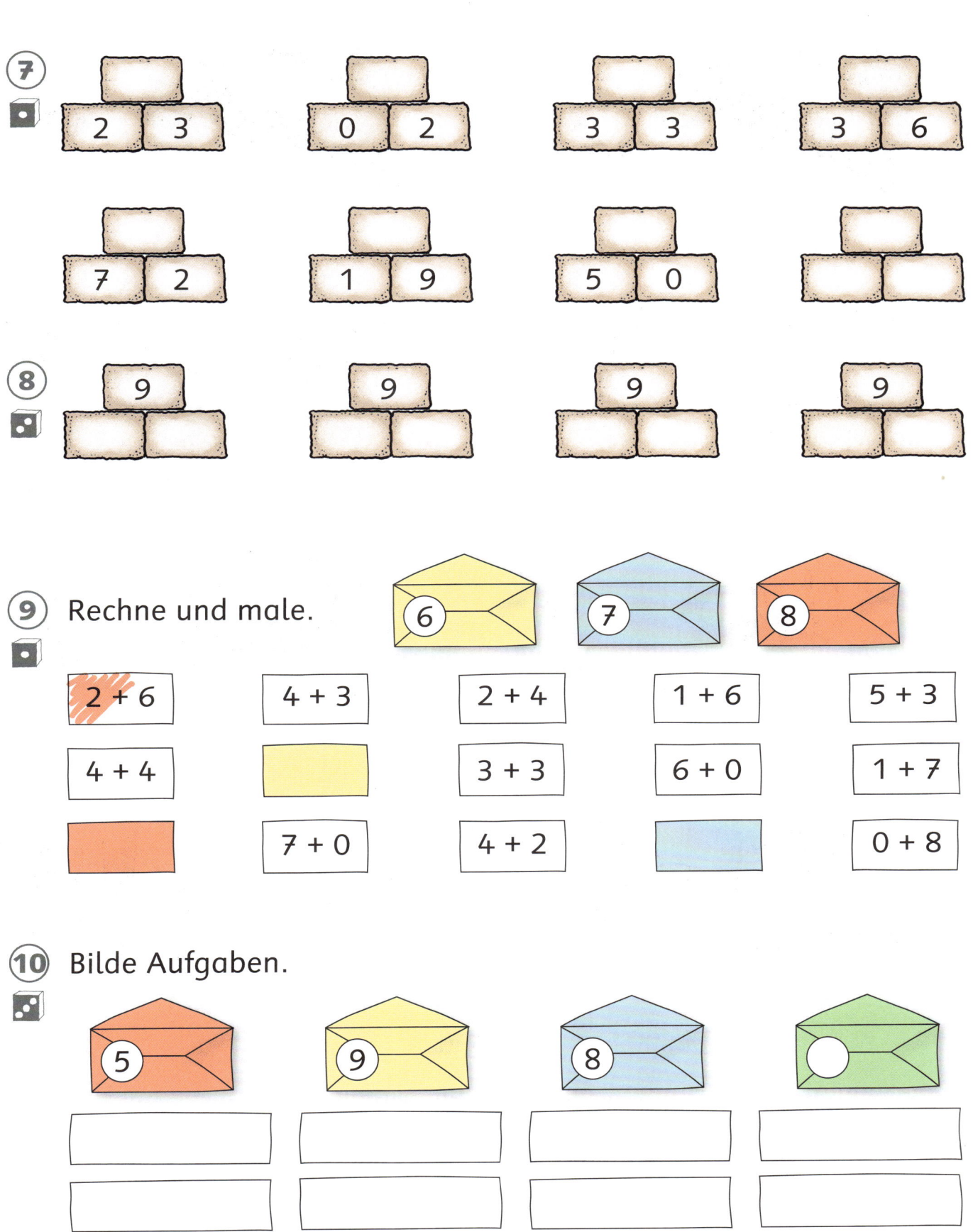

7

2 3	0 2	3 3	3 6
7 2	1 9	5 0	

8

9   9   9   9

9 Rechne und male.

6   7   8

2 + 6	4 + 3	2 + 4	1 + 6	5 + 3
4 + 4		3 + 3	6 + 0	1 + 7
	7 + 0	4 + 2		0 + 8

10 Bilde Aufgaben.

5   9   8   ◯

Einführung der Subtraktion

$$5 - 2 = \underline{}$$ $$\underline{} - \underline{} = \underline{}$$

$$\underline{} - \underline{} = \underline{}$$ $$\underline{} - \underline{} = \underline{}$$

$$\underline{} - \underline{} = \underline{}$$ $$\underline{} - \underline{} = \underline{}$$

$$\underline{} - \underline{} = \underline{}$$ $$\underline{} - \underline{} = \underline{}$$

$$5 - 3 = \underline{}$$ $$6 - 2 = \underline{}$$

Übungen zur Subtraktion

1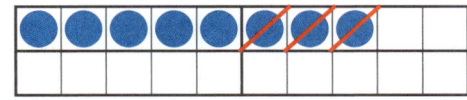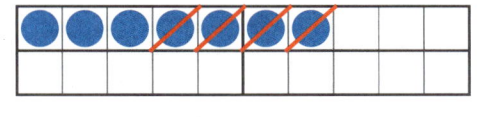

$8 - 3 = \underline{\ \ }$

$\underline{\ \ } - \underline{\ \ } = \underline{\ \ }$

2 Streiche durch und rechne.

 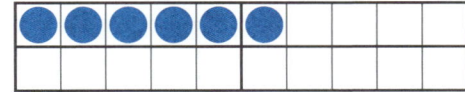 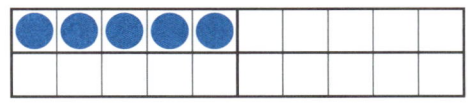

$6 - 1 = \underline{\ \ }$

$5 - 3 = \underline{\ \ }$

3 Male und rechne.

 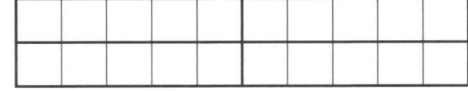 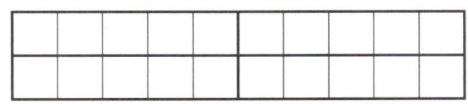

$6 - 2 = \underline{\ \ }$

$5 - 4 = \underline{\ \ }$

4

$10 - 1 = \underline{\ \ }$	$4 - 1 = \underline{\ \ }$	$5 - 3 = \underline{\ \ }$	$3 - 2 = \underline{\ \ }$
$9 - 1 = \underline{\ \ }$	$4 - 2 = \underline{\ \ }$	$5 - 0 = \underline{\ \ }$	$7 - 2 = \underline{\ \ }$
$8 - 1 = \underline{\ \ }$	$4 - 3 = \underline{\ \ }$	$5 - 4 = \underline{\ \ }$	$2 - 2 = \underline{\ \ }$
$7 - 1 = \underline{\ \ }$	$4 - 4 = \underline{\ \ }$	$5 - 1 = \underline{\ \ }$	$9 - 2 = \underline{\ \ }$

5

Vorsicht, 5 Fehler!

$6 - 2 = \cancel{5} \ \ 4$	$7 - 3 = 4 \ \underline{\ \ }$	$9 - 3 = 6 \ \underline{\ \ }$
$8 - 5 = 3 \ \underline{\ \ }$	$7 - 7 = 7 \ \underline{\ \ }$	$4 - 4 = 8 \ \underline{\ \ }$
$9 - 5 = 4 \ \underline{\ \ }$	$6 - 3 = 3 \ \underline{\ \ }$	$7 - 5 = 2 \ \underline{\ \ }$
$3 - 0 = 0 \ \underline{\ \ }$	$4 - 3 = 1 \ \underline{\ \ }$	$8 - 2 = 10 \ \underline{\ \ }$

6

$6 - \blacklozenge = 1$	$9 - \blacksquare = 3$	$8 - \blacktriangle = 1$	$6 - \bullet = 2$
$9 - \blacklozenge = 4$	$\blacksquare - \bigstar = 3$	$7 - \blacktriangle = *$	$\blacktriangledown - \bullet = \bullet$

$\blacklozenge = \underline{\ \ }$ $\blacksquare = \underline{\ \ }$ $\bigstar = \underline{\ \ }$ $\blacktriangle = \underline{\ \ }$ $* = \underline{\ \ }$ $\bullet = \underline{\ \ }$ $\blacktriangledown = \underline{\ \ }$

Übungen zur Addition und Subtraktion

1

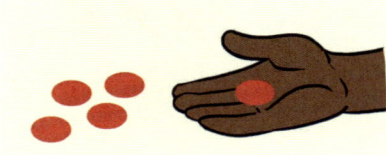  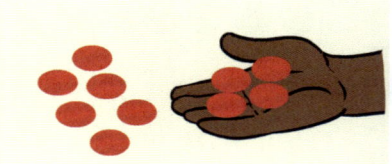

$4 + 1 = \underline{}$ $\underline{} + \underline{} = \underline{}$ $\underline{} + \underline{} = \underline{}$

$5 - 1 = \underline{}$ $\underline{} - \underline{} = \underline{}$ $\underline{} - \underline{} = \underline{}$

2

$5 - 3 = \underline{}$ $10 - 6 = \underline{}$ $7 - 1 = \underline{}$ $8 - 2 = \underline{}$

$2 + 3 = \underline{}$ $\underline{} + \underline{} = \underline{}$ $\underline{} + \underline{} = \underline{}$ $\underline{} + \underline{} = \underline{}$

3

grün: 5 1 6

$5 + 1 = \underline{}$
$1 + 5 = \underline{}$
$6 - 1 = \underline{}$
$6 - 5 = \underline{}$

blau: 3 5 8

$\underline{} + \underline{} = \underline{}$
$\underline{} + \underline{} = \underline{}$
$\underline{} - \underline{} = \underline{}$
$\underline{} - \underline{} = \underline{}$

gelb: 2 5 7

$\underline{} + \underline{} = \underline{}$
$\underline{} + \underline{} = \underline{}$
$\underline{} - \underline{} = \underline{}$
$\underline{} - \underline{} = \underline{}$

4

$2 + 2 = \underline{}$ $4 - 2 = \underline{}$ $8 - 4 = \underline{}$

$2 + 3 = \underline{}$ $4 - 3 = \underline{}$ $8 - 5 = \underline{}$

$3 + 3 = \underline{}$ $5 - 3 = \underline{}$ $9 - 5 = \underline{}$

$3 + 4 = \underline{}$ $6 - 3 = \underline{}$ $10 - 5 = \underline{}$

5

$8 - ❀ = 1$ $▲ + ▲ = 6$ $♣ - 2 = 2$ $⚘ - ⚘ = ✳$

$2 + ❀ = ✖$ $7 - ▲ = ♣$ $♣ + 2 = ✪$ $⚘ + ⚘ = 10$

$❀ = \underline{}$ $✖ = \underline{}$ $▲ = \underline{}$ $♣ = \underline{}$ $✪ = \underline{}$ $⚘ = \underline{}$ $✳ = \underline{}$

3 + ___ = 5   4 + ___ = 5   1 + ___ = 5   0 + ___ = 5

8

2 + ___ = 3   5 + ___ = 6   ___ + 3 = 4   ___ + 1 = 8

2 + ___ = 4   4 + ___ = 6   ___ + 3 = 6   ___ + 3 = 8

2 + ___ = 7   3 + ___ = 6   ___ + 3 = 7   ___ + 5 = 8

10 − 1 = ___	3 + 3 = ___	_____	_____
10 − 2 = ___	4 + 3 = ___	3 − 2 = ___	4 + 2 = ___
10 − 3 = ___	5 + ___ = ___	4 − 2 = ___	3 + 3 = ___
10 − ___ = ___		___ − 2 = ___	___ + 4 = ___

10

Welche Bälle gehören in die Körbe? Male passend an.

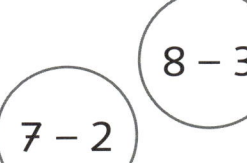  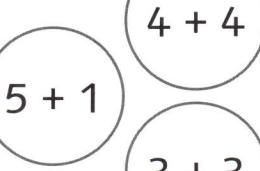 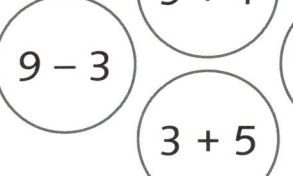 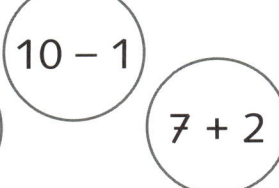

Legen und rechnen mit Geld

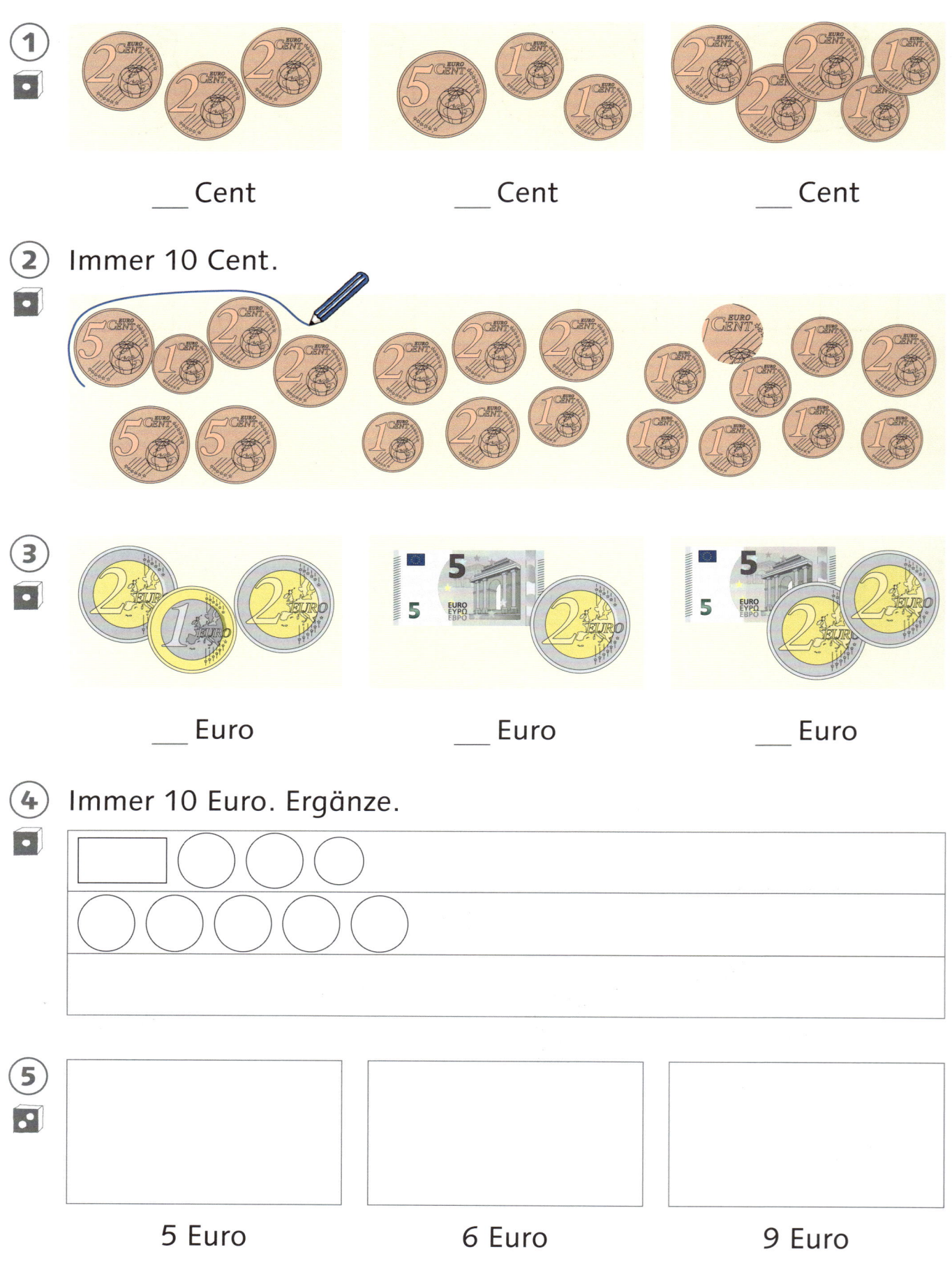

①

___ Cent   ___ Cent   ___ Cent

② Immer 10 Cent.

③

___ Euro   ___ Euro   ___ Euro

④ Immer 10 Euro. Ergänze.

⑤

5 Euro   6 Euro   9 Euro

Wiedeholung

① ⚀

__ + __ = __   __ − __ = __

② ⚀  Tauschaufgabe?

2 + 5 = __   3 + 4 = __   4 − 1 = __

4 + 4 = __   1 + 7 = __   8 − 4 = __

1 + 4 = __   5 + 5 = __   10 − 4 = __

③ ⚁ Vorsicht, 5 Fehler!

10 − 6 = 5̶ _4_   6 − 3 = 4 __   9 − 3 = 6 __

4 − 0 = 4 __   2 + 7 = 9 __   3 − 2 = 5 __

4 + 5 = 9 __   4 − 3 = 7 __   6 + 0 = 0 __

④ ⚀ Rechne und male.

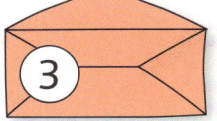 3   4   6   7

4 + 0	7 − 0	8 − 2	5 + 2	2 + 2
	6 − 0	8 − 1	7 − 1	
1 + 2	1 + 3	10 − 4	3 + 1	3 + 0

⑤ ⚀

__ Cent   __ Cent   ___ Euro

Würfel, Quader, Zylinder und Kugel

1 Räume auf.

2 Was stimmt? ⊠

☐ ist rund ☐   ☐ ist rund und kann kippen ☐

☐ ist rund ☐   ○ ist eckig und kann kippen ☐

▱ ist eckig ☐   ☐ kann man kippen und stapeln ☐

○ ist eckig ☐   ☐ kann man kippen und stapeln ☐

⬭ ist eckig ☐   ▯ kann man rollen und stapeln ☐

▱ kann rollen ☐   ○ kann man rollen und stapeln ☐

Körper erkennen

1 Zähle und male an.

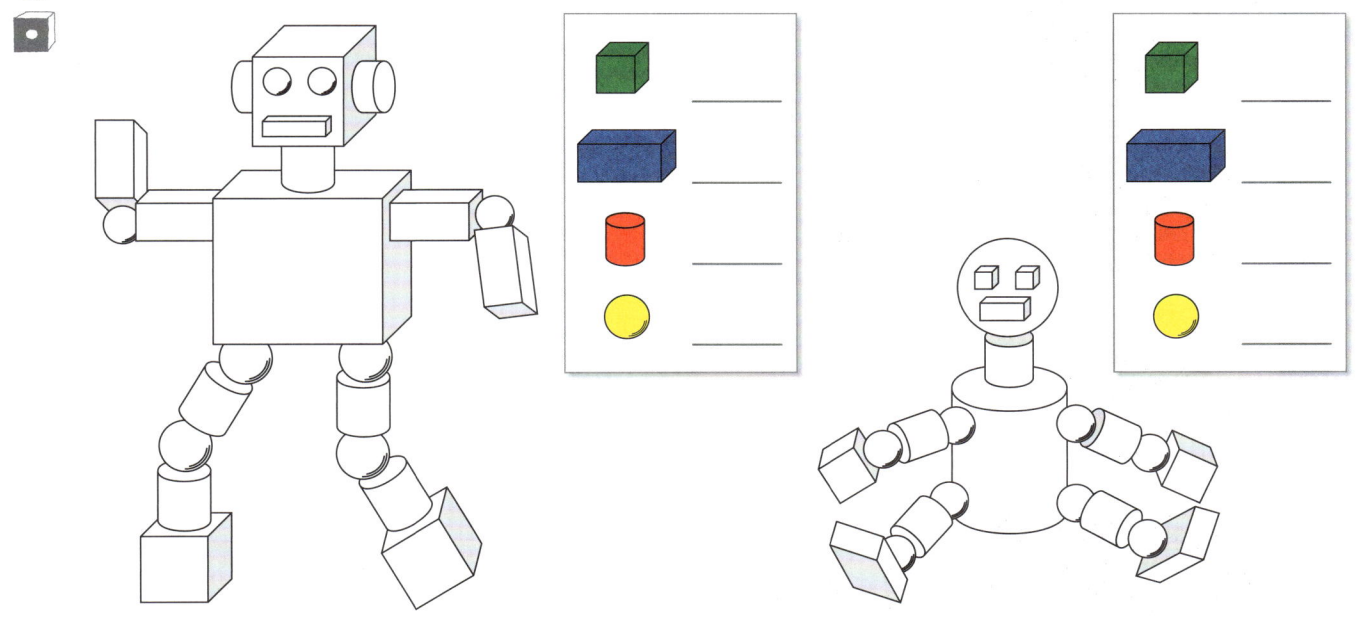

2 Male an.

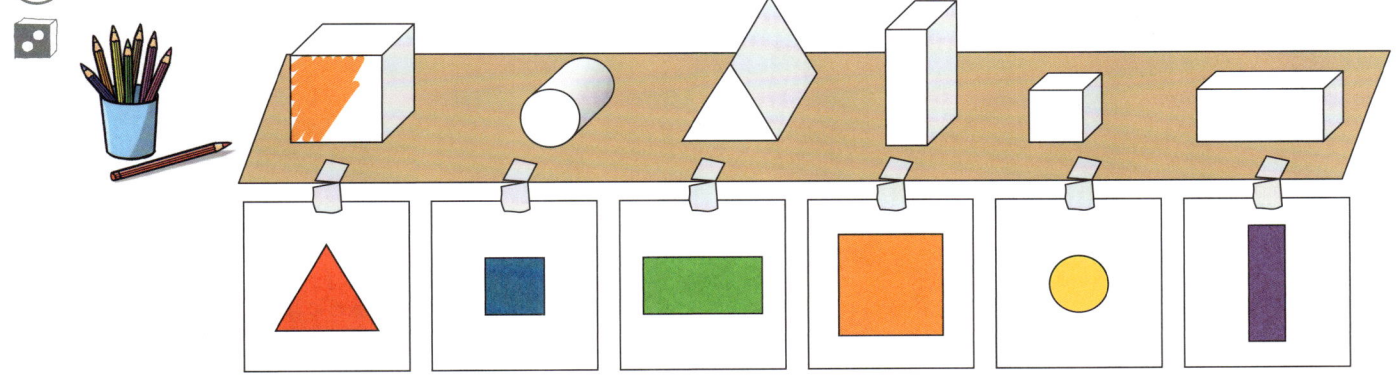

3 Ordne zu.

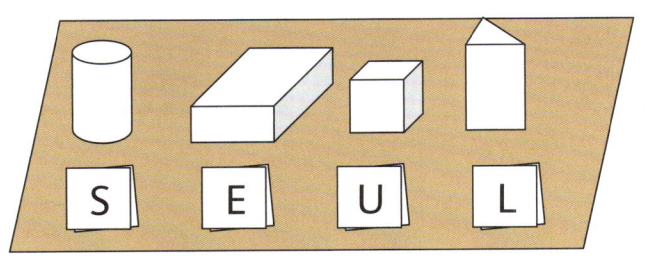

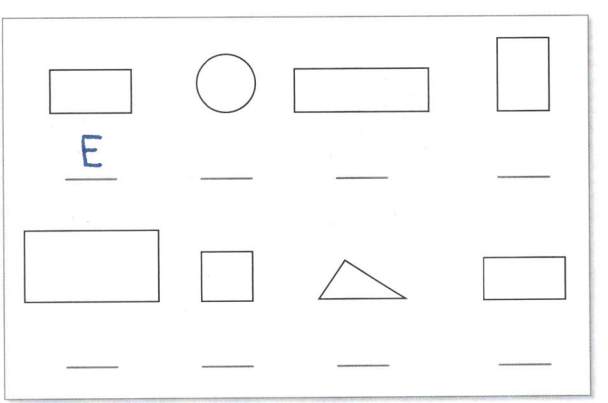

Die Zahlen 11 bis 20

  10 + _3_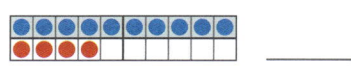

  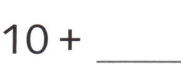 10 + ____ _13_

 10 + ____

  10 + ____

  10 + ____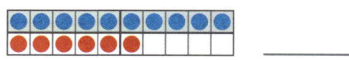

 10 + ____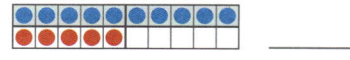

 10 + ____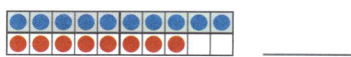

 10 + ____

  10 + ____

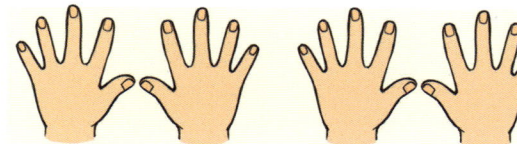 10 + ____

Zehner und Einer

1

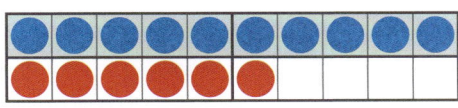

Z	E
1	7

siebzehn

10 + ___ = _____

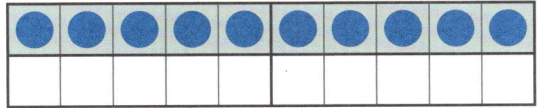

Z	E

dreizehn

10 + ___ = _____

Z	E

sechzehn

10 + ___ = _____

2 Male.

Z	E
1	4

vierzehn

Z	E
1	

achtzehn

Z	E

fünfzehn

3

10 + 2 = _____	10 + 5 = _____	16 – 6 = _____	19 – 9 = _____
10 + 8 = _____	10 + 4 = _____	12 – 2 = _____	17 – 7 = _____
10 + 3 = _____	10 + 1 = _____	18 – 8 = _____	13 – 3 = _____

4

10 + ___ = 17	14 = 10 + ___	15 – ___ = 10	10 = 13 – ___
10 + ___ = 15	12 = 10 + ___	16 – ___ = 10	10 = 19 – ___
10 + ___ = 18	20 = 10 + ___	11 – ___ = 10	10 = 17 – ___

Zwanzigerfeld und Zwanzigertafel

1 Male.

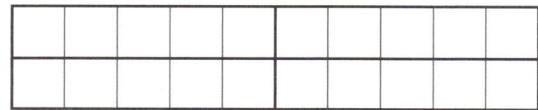

11 = _10_ + ___

19 = ____ + ___

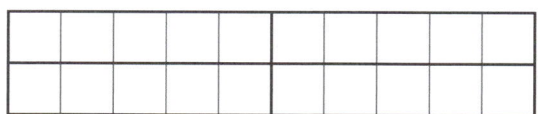

13 = ____ + ___

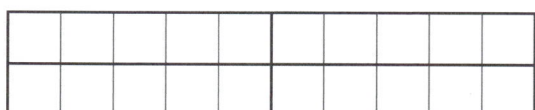

14 = ____ + ___

2

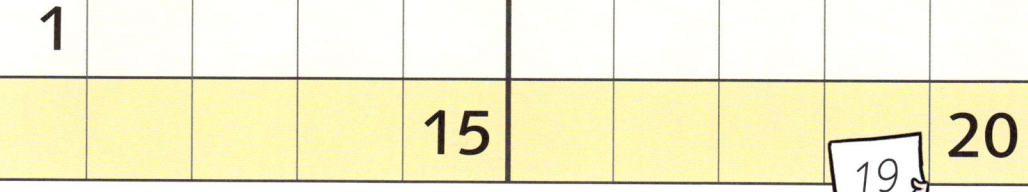

3

   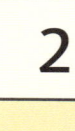

4

Der Zahlenraum bis 20

Vom Zwanzigerfeld zum Zahlenstrahl

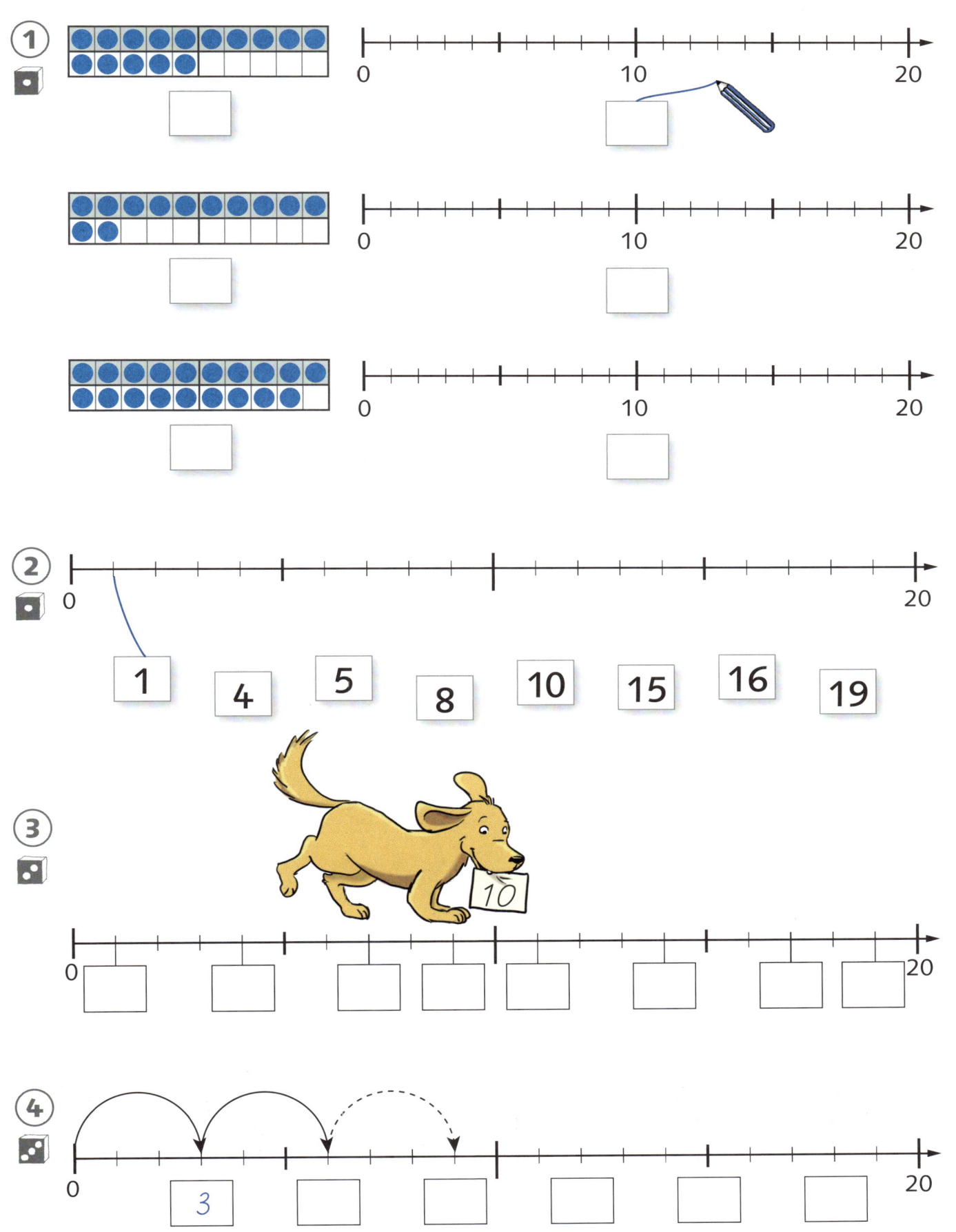

Zahlen vergleichen und ordnen

1 > oder < oder =?

6 < 8   9 ◯ 7   5 ◯ 5   2 ◯ 4

16 ◯ 18   19 ◯ 17   15 ◯ 15   12 ◯ 14

2

13 ◯ 15   20 ◯ 19   16 ◯ 20   18 ◯ 18

11 ◯ 14   17 ◯ 18   15 ◯ 10   17 ◯ 13

16 ◯ 12   12 ◯ 12   19 ◯ 11   14 ◯ 16

3

0̶   15   20   5   10   _0_ < ____ < ____ < ____ < ____

4

9   7   13   11   1̶6̶   _16_ > ____ > ____ > ____ > ____

5

18, 12, 5, 8, 10, 2̶   _2_ < ____ < ____ < ____ < ____ < ____

4, 19, 20, 6, 9, 14   ____ > ____ > ____ > ____ > ____ > ____

6

\/\

1.   5.

🔻5., 10., 15., 20.   🔻1., 3., 7., 9., 11., 13., 17., 19.

🔻2., 4., 6., 8., 12., 14., 16., 18.

7

____   ____   ____   _1._   ____   ____

Wiederholung

①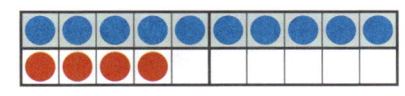

Z	E

10 + ___ = _____

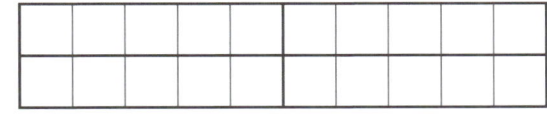

Z	E

10 + ___ = _____

②

12 = _10_ + ___   15 = _____ + ___

③
10 + 3 = _____   12 − 2 = _____   10 + ___ = 15   16 − ___ = 10
10 + 7 = _____   14 − 4 = _____   10 + ___ = 11   13 − ___ = 10
10 + 5 = _____   19 − 9 = _____   10 + ___ = 17   18 − ___ = 10

④

0   20

 1   **5**   **7**   **8**   **11**   **15**   **17**   **18**

⑤
17 $<$ 19   13 ◯ 13   17 ◯ 11   16 ◯ 18
11 ◯ 12   20 ◯ 10   14 ◯ 19   15 ◯ 14

⑥ 16, ~~2~~, 10, 8, 13   _2_ < _____ < _____ < _____ < _____

⑦ ~~17~~, 12, 5, 9, 14   _17_ > _____ > _____ > _____ > _____

⑧ Ali malt Jojo.

   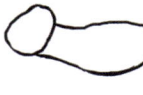

_____   _____   _1._   _____   _____

Addieren im Zahlenraum bis 20

①

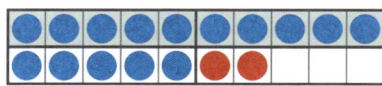
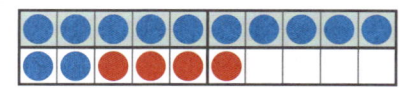

5 + 2 = ___   6 + 3 = ___   2 + 4 = ___

15 + _2_ = ____   16 + ___ = ____   ____ + ___ = ____

②

3 + 3 = ___   5 + 3 = ___   2 + 7 = ___

13 + 3 = ____   ____ + ___ = ____   ____ + ___ = ____

③ Kleine Aufgabe – große Aufgabe. Male und rechne.

2 + 3 = ___   11 + 6 = ____   3 + 2 = ___   15 + 5 = ____

4 + 5 = ___   12 + 3 = ____   5 + 5 = ____   14 + 4 = ____

1 + 6 = ___   14 + 5 = ____   4 + 4 = ___   13 + 2 = ____

④

16 + 2 = ____   11 + 7 = ____   14 + 4 = ____

12 + 5 = ____   15 + 3 = ____   11 + 8 = ____

15 + 5 = ____   14 + 2 = ____   13 + 5 = ____

13 + 6 = ____   17 + 3 = ____   13 + 4 = ____

⑤

Meine Zahl ist um 6 größer als 12.

Wenn ich zu meiner Zahl 5 dazu rechne, erhalte ich 16.

_____   Nina   Ali   _____

(6) Immer 3 Karten gehören zusammen.

 Male und ergänze.

TIPP
Tauschaufgabe

2 + 11	20	___ + ___	4 + 13
13 + 6	18	17	2 + 14
13 + 4	___ + ___	16 + 2	3 + 17	17 + 3
2 + 16	11 + 2	_____	_____	13

(7) Wo hilft dir die Tauschaufgabe? ☒

11 + 3 = ____ ☐	6 + 12 = ____ ☐	19 + 1 = ____ ☐
4 + 14 = ____ ☐	18 + 2 = ____ ☐	6 + 11 = ____ ☐
5 + 12 = ____ ☐	3 + 13 = ____ ☐	14 + 5 = ____ ☐
17 + 2 = ____ ☐	15 + 2 = ____ ☐	7 + 13 = ____ ☐

(8)

11 + 3 = 14

+	3	6
11	14	
14		

+	12	14
5		
2		

(9)

+	1	4
	14	
		15

+	2	3
	19	
		16

+		
5	18	
3		14

Subtrahieren im Zahlenraum bis 20

①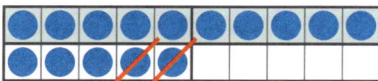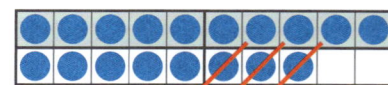

5 – 2 = ___ 6 – 4 = ___ 8 – 3 = ___

15 – _2_ = _____ 16 – ___ = _____ _____ – ___ = _____

②

8 – 2 = ___ 7 – 5 = ___ 9 – 6 = ___

18 – ___ = _____ _____ – ___ = _____ _____ – ___ = _____

③ Kleine Aufgabe – große Aufgabe. Male und rechne.

5 – 3 = ___	18 – 4 = _____	6 – 5 = ___	14 – 2 = _____
3 – 2 = ___	15 – 3 = _____	7 – 4 = ___	16 – 5 = _____
8 – 4 = ___	13 – 2 = _____	4 – 2 = ___	17 – 4 = _____

④

14 – 3 = _____ 18 – 6 = _____ 17 – 6 = _____

16 – 2 = _____ 15 – 4 = _____ 19 – 4 = _____

13 – 3 = _____ 17 – 2 = _____ 18 – 5 = _____

15 – 4 = _____ 19 – 5 = _____ 20 – 3 = _____

⑤

16 – 1 = _____ 20 – 8 = _____ 19 – 2 = _____

16 – 2 = _____ 20 – 6 = _____ 18 – 3 = _____

16 – ___ = _____ 20 – ___ = _____ 17 – ___ = _____

16 – ___ = _____ 20 – ___ = _____ _____ – ___ = _____

Legen und rechnen mit Geld

①

_____ ct   _____ ct   _____ ct

②

	mit 3 Münzen	mit 4 Münzen
12 Cent		
16 Cent		

③

_____ €   _____ €   _____ €

④

14 €   16 €   17 €

Sachrechnen mit Geld

1 Wie viel kostet es? Lege und male.

_____ €   _____ €   _____ €

2 Wie viel kostet es zusammen? Lege und male.

_____   _____   _____

3 Ina kauft   Sie gibt   Sie bekommt zurück

_____

Wiederholung

①
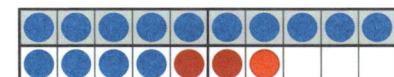

4 + 3 = ___

14 + ___ = _____

6 − 3 = ___

16 − ___ = _____

7 − 4 = ___

_____ − ___ = _____

② Kleine Aufgabe – große Aufgabe. Male und rechne.

12 + 7 = _____   19 − 6 = _____   16 − 4 = _____   3 + 6 = ___

15 + 3 = _____   2 + 7 = ___   13 + 6 = _____   18 − 2 = _____

9 − 6 = ___   5 + 3 = ___   8 − 2 = ___   6 − 4 = ___

③

+	3	4
12		
15		

−	5	6
17		
19		

−	2	5
15		
		15

④ Lege und male.

13 Cent

15 Cent

17 Cent

⑤

Meine Zahl ist um 4 größer als 15.

Meine Zahl ist um 4 kleiner als 15.

Nils   _____   _____   Lisa

Quadrat, Rechteck, Dreieck und Kreis

(1) Ordne zu.

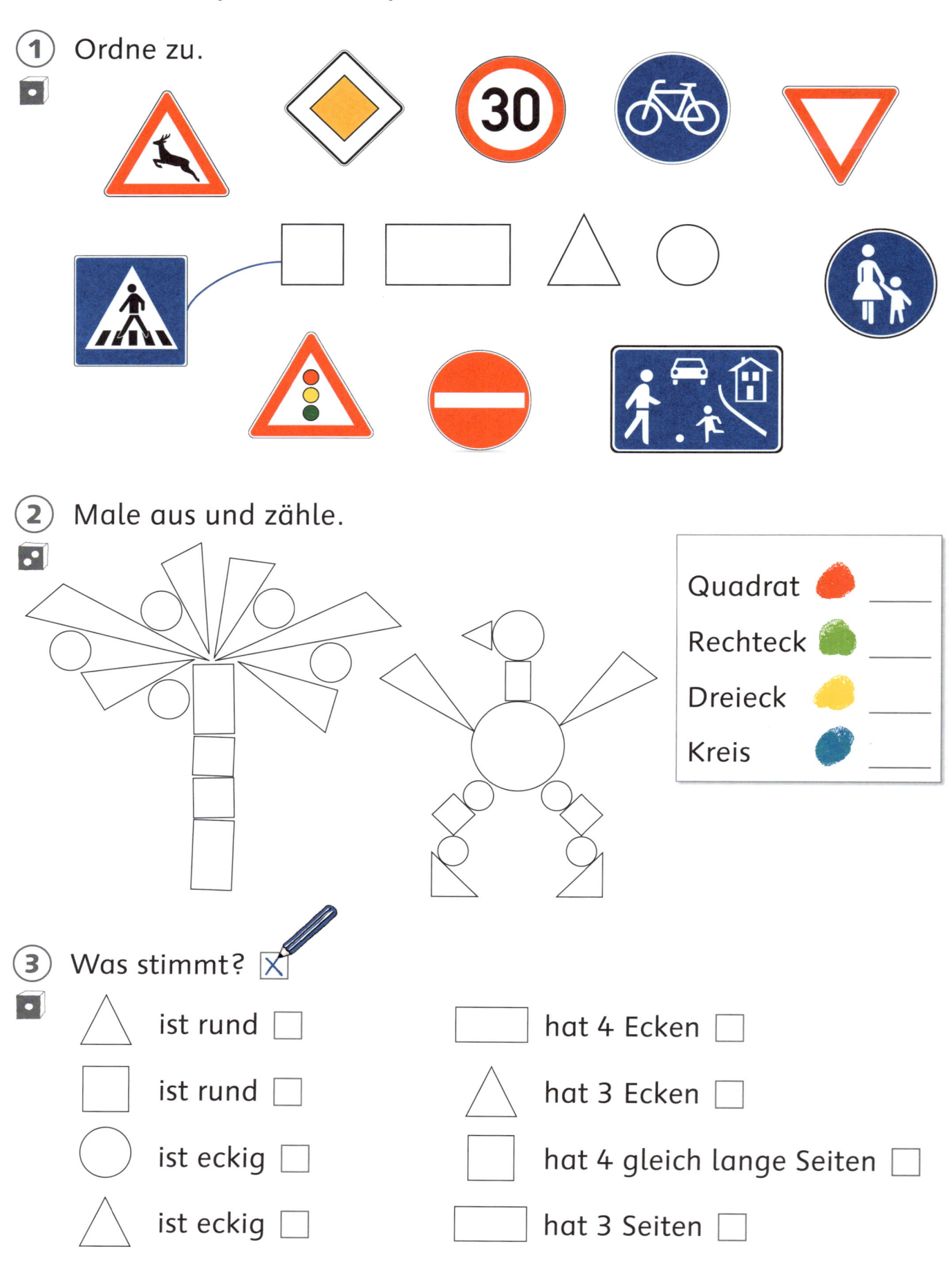

(2) Male aus und zähle.

Quadrat	_____
Rechteck	_____
Dreieck	_____
Kreis	_____

(3) Was stimmt? ☒

△ ist rund ☐   ▭ hat 4 Ecken ☐

☐ ist rund ☐   △ hat 3 Ecken ☐

○ ist eckig ☐   ☐ hat 4 gleich lange Seiten ☐

△ ist eckig ☐   ▭ hat 3 Seiten ☐

Figuren legen

1 Trage ein.

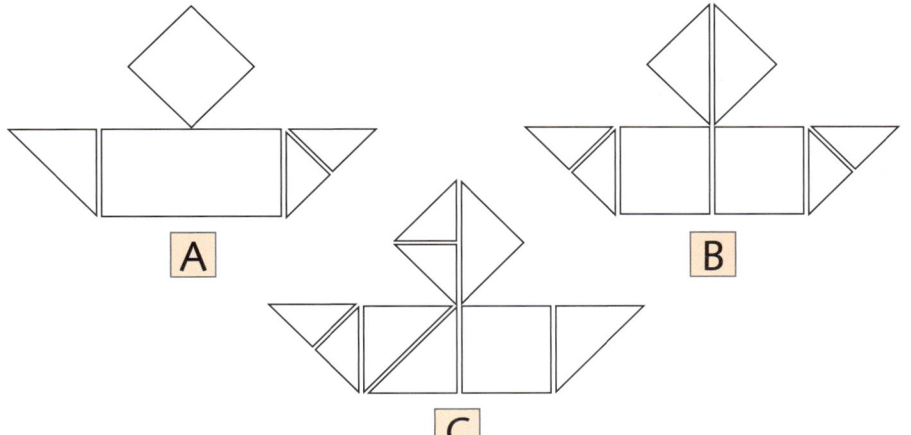

	A	B	C
☐	*1*		
▭			
△			
△			

2 Ordne zu.

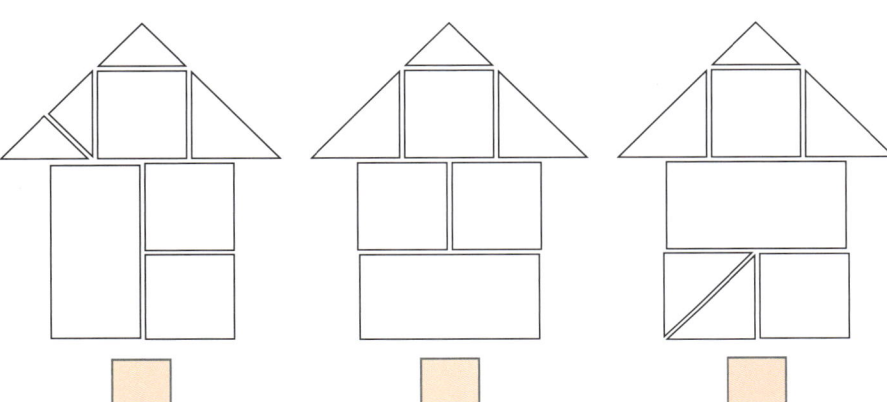

	A	B	C
☐	3	3	2
▭	1	1	1
△	2	1	4
△	1	3	1

3 Wie kannst du das Quadrat auslegen? ☒

☐	3
▭	1
△	0
△	0

☐

☐	2
▭	1
△	0
△	0

☐

☐	1
▭	1
△	2
△	2

☐

☐	1
▭	1
△	2
△	0

☐

Muster und Formen

1 Setze fort.

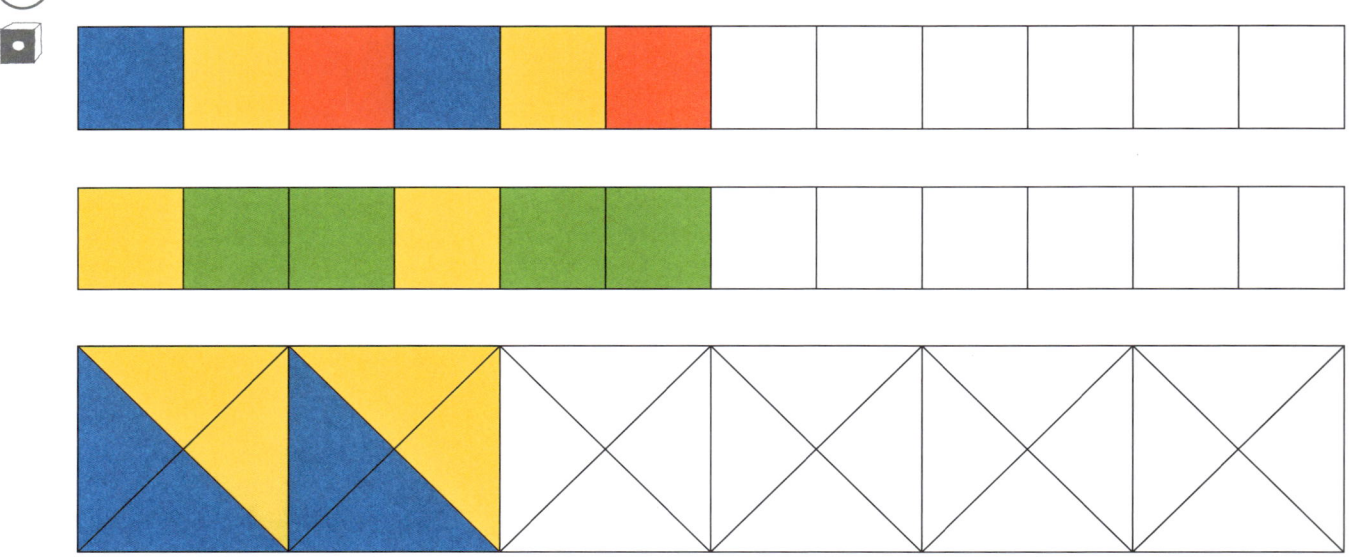

2 Erfinde eigene Muster.

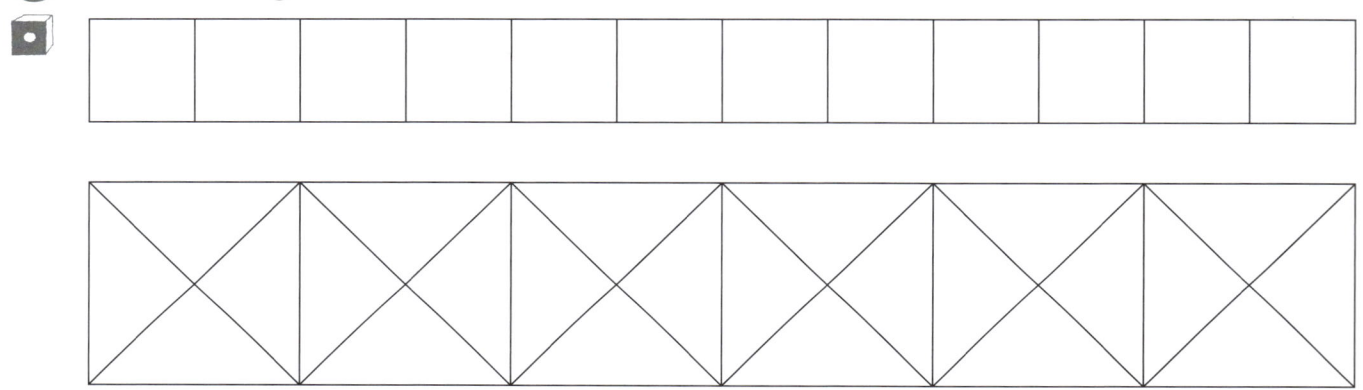

3 Finde den Fehler. Kreise ein.

Vorbereitung des Zehnerübergangs

① Trage die fehlenden Zahlen ein.

1	2
11	

		5
13		

			9	
				20

②

die Hälfte	Zahl	das Doppelte
1	2	4
–	3	

die Hälfte	Zahl	das Doppelte
		8
–	5	

③ Immer 10.

__ + __ + __

⬜ ⬜ ⬜

__ + __ + __

__ + __ + __

⬜ ⬜ ⬜

__ + __ + __

__ + __ + __

⬜ ⬜ ⬜

__ + __ + __

④

⑤

8 + __ = 10	10 − __ = 3	10 + __ = 14	13 − __ = 10
5 + __ = 10	10 − __ = 7	10 + __ = 17	19 − __ = 10
7 + __ = 10	10 − __ = 5	10 + __ = 15	16 − __ = 10
4 + __ = 10	10 − ___ = 0	10 + ___ = 20	12 − __ = 10

Addieren mit Zehnerübergang

1

9 + 3

9 + 3 = 12,
denn 9 + 1 = 10
10 + 2 = 12

8 + 4 = _____

9 + ___ = _____

9 + 6 = _____

2

5 + 6

Ich nutze das Verdoppeln.

7 + 7 = _____

___ + ___ = _____

7 + 8 = _____

3

8 + 2 = _____	9 + 2 = _____	7 + 2 = ___	6 + 4 = _____
8 + 3 = _____	9 + 3 = _____	7 + 3 = _____	7 + 5 = _____
8 + 4 = _____	9 + 4 = _____	7 + 4 = _____	8 + 6 = _____
8 + 5 = _____	9 + 5 = _____	7 + 5 = _____	9 + 7 = _____

4

Tauschaufgabe?

8 + 4 = _____	9 + 6 = _____
7 + 5 = _____	2 + 9 = _____
6 + 6 = _____	7 + 8 = _____
6 + 5 = _____	9 + 9 = _____
3 + 8 = _____	5 + 7 = _____

5

+	3	4	5
8			
7			
6			

+	4	6	8
9			
7			
5			

+	5	7	9
7			
5			
3			

6

TIPP
$7 + 9 = 16$,
denn
$7 + 10 = 17$

$6 + 9 =$ _____ $3 + 9 =$ _____

$4 + 9 =$ _____ $5 + 9 =$ _____

$9 + 8 =$ _____ $9 + 7 =$ _____

$2 + 9 =$ _____ $8 + 9 =$ _____

7

Vorsicht,
4 Fehler!

$8 + 4 = 11$ ~~11~~ _12_ $6 + 5 = 11$ _____ $4 + 8 = 12$ _____

$5 + 7 = 13$ _____ $5 + 9 = 16$ _____ $9 + 7 = 16$ _____

$7 + 8 = 15$ _____ $8 + 8 = 16$ _____ $3 + 7 = 11$ _____

$2 + 9 = 11$ _____ $7 + 7 = 14$ _____ $9 + 9 = 18$ _____

8 Welche Bälle gehören in die Körbe? Male passend an.

$6 + 6$ $6 + 9$ $8 + 4$ $8 + 7$ $7 + 5$ $0 + 15$

$5 + 6$ $7 + 7$ $8 + 3$ $8 + 6$ $9 + 2$ $9 + 5$

Subtrahieren mit Zehnerübergang

(1) Male und rechne.

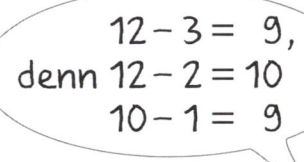
12 – 3 = 9,
denn 12 – 2 = 10
10 – 1 = 9

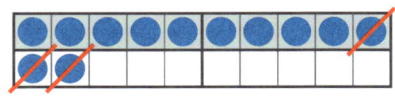

12 – 3 = __

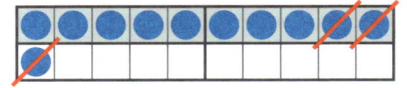

11 – __ = __   13 – __ = __   12 – __ = __

(2)

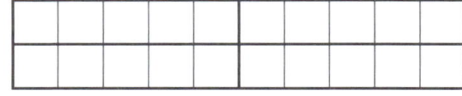   

14 – 5 = __   11 – 6 = __

(3)

12 – 2 = ____	13 – 3 = ____	15 – 3 = ____
12 – 3 = __	13 – 4 = __	15 – 5 = __
12 – 4 = __	13 – 5 = __	15 – 7 = __
12 – 5 = __	13 – 6 = __	15 – 9 = __

(4)

Manche weiß ich auswendig.

10 – 5 = __	16 – 8 = __
12 – 6 = __	18 – 9 = __
14 – 7 = __	20 – 10 = ____

(5)

11 – 6 = __	13 – 6 = __	10 – 6 = __	15 – 7 = __
12 – 3 = __	15 – 8 = __	12 – 5 = __	11 – 5 = __
14 – 6 = __	13 – 7 = __	14 – 8 = __	18 – 9 = __
16 – 8 = __	16 – 9 = __	16 – 7 = __	11 – 9 = __

6

−	3	4	5
10			
12			
14			

−	5	6	7
11			
13			
15			

−	10	9	5
11			
13			
17			

7 Rechne geschickt.

TIPP
16 − 9 = 7,
denn
16 − 10 = 6

14 − 9 = ___   11 − 9 = ___

13 − 9 = ___   12 − 9 = ___

18 − 9 = ___   17 − 8 = ___

15 − 9 = ___   14 − 8 = ___

8

Vorsicht, 4 Fehler!

10 − 4 = ~~5~~ 6   13 − 5 = 8 ___   16 − 8 = 8 ___

12 − 5 = 8 ___   15 − 8 = 7 ___   17 − 9 = 9 ___

14 − 7 = 7 ___   14 − 9 = 3 ___   15 − 7 = 8 ___

11 − 6 = 5 ___   17 − 8 = 9 ___   18 − 9 = 9 ___

9 Welche Bälle gehören in die Körbe? Male passend an.

 6    8       7

15 − 9   13 − 4   12 − 6   15 − 7   15 − 8   12 − 4

16 − 7   14 − 8   14 − 5   16 − 9   16 − 8   14 − 7

Gerade und ungerade Zahlen, Aufgabenfamilien

① Gerade oder ungerade Zahl? ☒

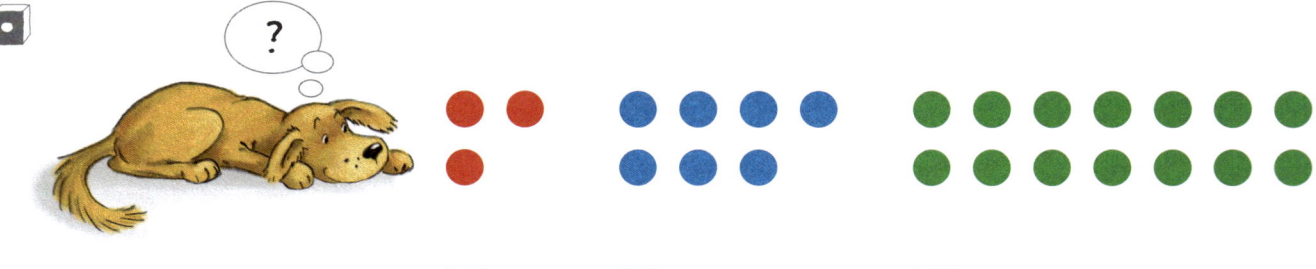

Gerade Zahl ☐ ☐ ☐
Ungerade Zahl ☐ ☐ ☐

② Male an. Gerade Zahlen ■ und ungerade Zahlen ■

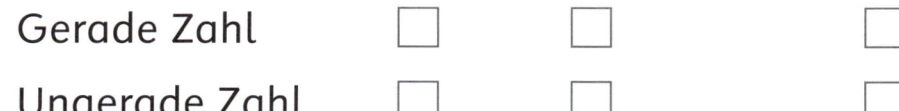

2   11   20   9   14

7   6   15   8

12   3   10   5   0

③ Ergänze die Aufgabenfamilien.

4   7   11

4 + 7 = _____

___ + ___ = _____

___ − ___ = _____

___ − ___ = _____

6   8   14

___ + ___ = _____

___ + ___ = _____

___ − ___ = _____

___ − ___ = _____

7   9   ___

___ + ___ = _____

___ + ___ = _____

___ − ___ = _____

___ − ___ = _____

Übungen zur Addition und Subtraktion

1 9 + 2 = _____   11 − 2 = ___   7 + ___ = 11

9 + 4 = _____   13 − 4 = ___   9 + ___ = 18

9 + 6 = _____   15 − 6 = ___   8 + ___ = 15

9 + 8 = _____   17 − 8 = ___   9 + ___ = 17

2

+	3	5	0
9			
8			
5			

−	3	5	8
12			
15			
10			

+		7	
5	14		
7			17
			19

3 Rechne weiter.

6 + 2 = _____   12 − 4 = ___   1 + 1 = ___

6 + 4 = _____   13 − 5 = ___   3 + 3 = ___

___ + 6 = _____   14 − 6 = ___   ___ + 5 = 10

6 + ___ = _____   ___ − ___ = ___   ___ + ___ = ___

___ + ___ = _____   ___ − ___ = ___   ___ + ___ = ___

4

Meine Zahl ist um 5 größer als 7.

Andi

_____

Meine Zahl ist die Hälfte von 16.

Ina

_____

Meine Zahl ist um 8 kleiner als 17.

Toni

_____

Rechnen mit 3 und mehr Zahlen

(1) Rechne geschickt. Male an.

     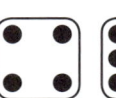 

_5_ + _5_ + __ = ____   __ + __ + __ = ____

_____   _____   _____

(2) Überlege zuerst. Rechne dann geschickt.

| 9 | 7 | 1 | | 8 | 5 | 5 | | 3 | 6 | 7 |

_9_ + __ + __ = ____   __ + __ + __ = ____   __ + __ + __ = ____

| 1 | 5 | 2 | 8 | | 7 | 6 | 4 | 3 |

_8_ + __ + __ + __ = ____   __ + __ + __ + __ = ____

(3)
2 + 5 + 5 = ____   8 + 5 + 5 = ____   14 − 4 − 9 = __
7 + 6 + 3 = ____   6 + 7 + 4 = ____   12 − 7 − 2 = __
5 + 3 + 5 = ____   3 + 5 + 7 = ____   19 − 5 − 9 = __
5 + 2 + 8 = ____   9 + 2 + 8 = ____   17 − 8 − 7 = __

(4) Rechne geschickt. Male an.

3 + 7   3 + 1 + 7 + 2 = ____   3 + 8 + 7 + 2 = ____

4 + 5 + 5 + 1 = ____   2 + 5 + 6 + 4 = ____

7 + 0 + 3 + 3 = ____   5 + 3 + 7 + 5 = ____

Zahlenmauern, Sachrechnen mit Geld

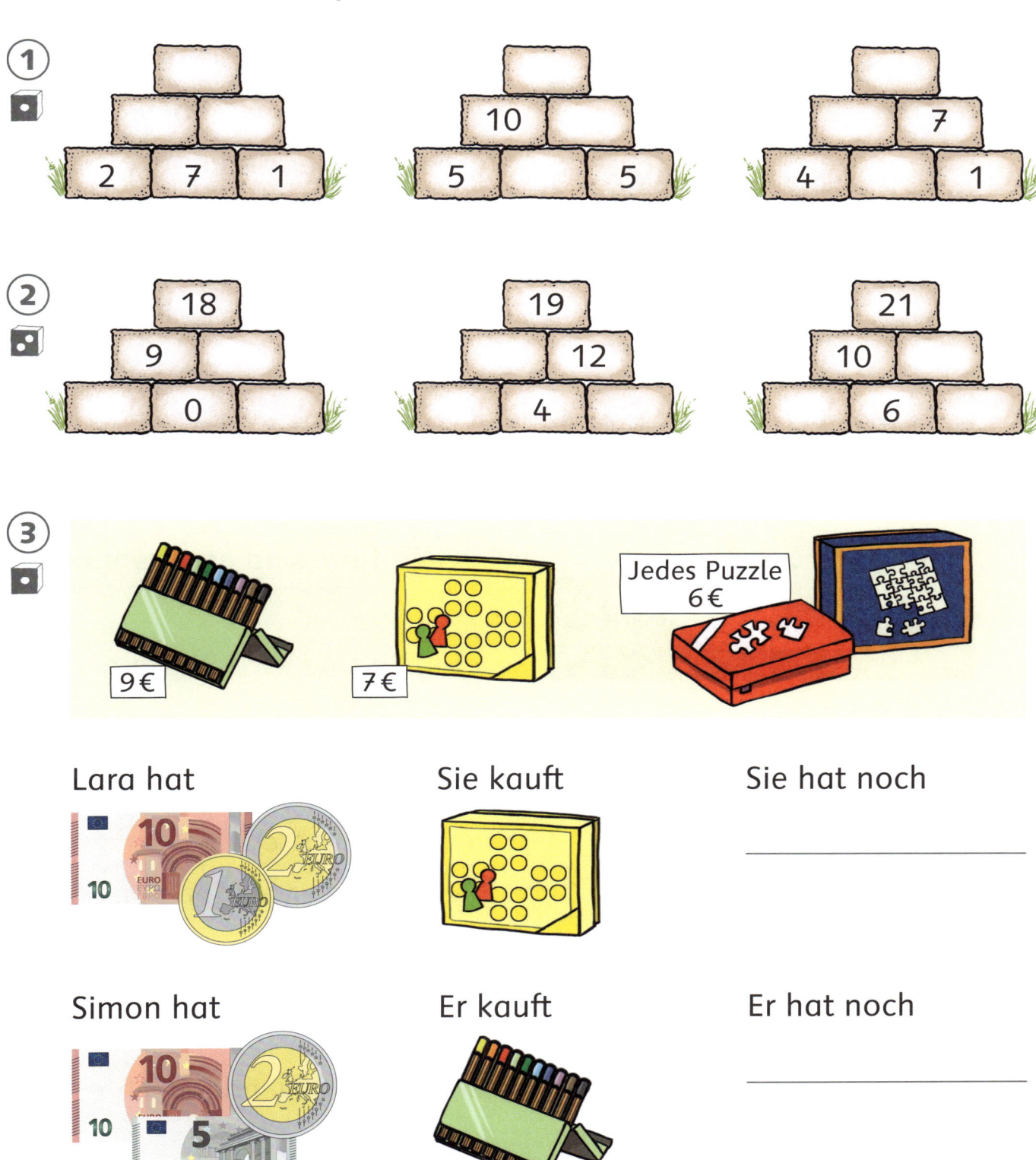

①

②

③

Jedes Puzzle
6 €

Lara hat

Sie kauft

Sie hat noch

_____

Simon hat

Er kauft

Er hat noch

_____

④ Sulola hat 20 €. Sie möchte zwei Puzzle und die Stifte kaufen.

_____

Rechengeschichten

1

_____ Kinder warten schon im Park.

_____ Kinder kommen noch dazu.

Wie viele Kinder sind es zusammen?

_____

Zusammen sind es _____ Kinder.

2

Im Teich sind

_____ 🦆   _____ 🦢   _____ 🐸

Wie viele Tiere sind es zusammen?

_____

Zusammen sind es _____ Tiere.

3

18 Kinder wollen mit der Kutsche fahren. Die Hälfte der Kinder sitzt schon in der Kutsche.

Wie viele Kinder warten noch?

_____

Es warten noch _____ Kinder.

4

Erfinde eine Rechengeschichte.

_____

_____

_____

_____

_____

Wiederholung

**① **

6 + 6 = _____	11 – 4 = ___	5 + ___ = 12
7 + 4 = _____	13 – 6 = ___	8 + ___ = 16
9 + 6 = _____	15 – 7 = ___	5 + ___ = 13
6 + 8 = _____	16 – 8 = ___	7 + ___ = 14

**② **

+	2	3	4
9			
7			

–	3	7	0
11			
15			

+		5	
3	11		
10			19

**③ ** Rechne weiter.

7 + 1 = _____	9 – 1 = ___	10 – 2 = ___
7 + 3 = _____	11 – 3 = ___	12 – 4 = ___
7 + ___ = 12	13 – 5 = ___	14 – ___ = 8
___ + ___ = _____	___ – ___ = ___	___ – ___ = ___

**④ **

Meine Zahl ist um 6 größer als 8.

_____

Das Doppelte meiner Zahl ist 18.

_____

**⑤ **

Ich habe mein Buch mit einem 20-Euro-Schein bezahlt. Ich habe 6 € zurück bekommen.

Verena

Ich habe 3 gleich teure Bücher gekauft. Zusammen haben sie 15 € gekostet.

Nino

Das Buch hat _____ gekostet.

Jedes Buch hat _____ gekostet.

Erfahrungen mit dem Spiegel

1 Wie heißen die Personen?

UTA
_____   _____   _____

_____   _____   _____

2 Was kannst du mit dem Spiegel zaubern? ☒

 ☐  ☐  ☐

 ☐  ☐

3 Was kannst du mit dem Spiegel zaubern? ☒

6 Vögel ☐   1 brauner und 2 gelbe Vögel ☐

2 Vögel ☐   2 braune und 1 gelber Vogel ☐

8 Vögel ☐   2 braune und 2 gelbe Vögel ☐

5 Vögel ☐   1 brauner Vogel ☐

Bild und Spiegelbild

① Kreise die 5 Fehler im Spiegelbild ein.

② Finde das Spiegelbild. ☒

☐ ☐ ☐ ☐

③ Finde das Spiegelbild. ☒

☐ ☐ ☐ ☐

④ Finde das Spiegelbild. ☒

☐ ☐ ☐ ☐

Symmetrie

1. Welche Figur ist symmetrisch?  ☒

☐   ☐   ☐   ☐

2. Male die Schmetterlinge an.

3. Spiegle und male.

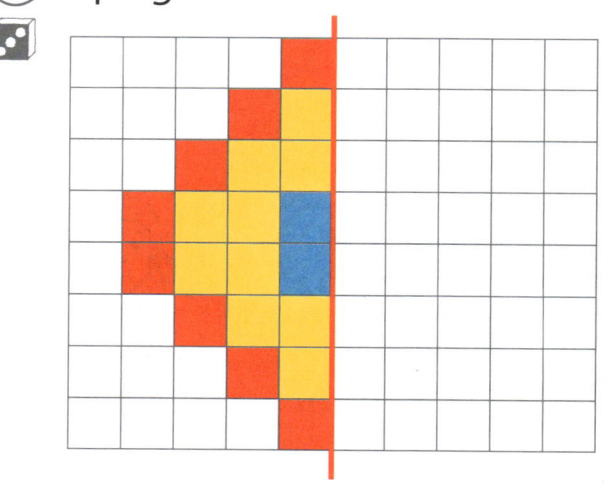 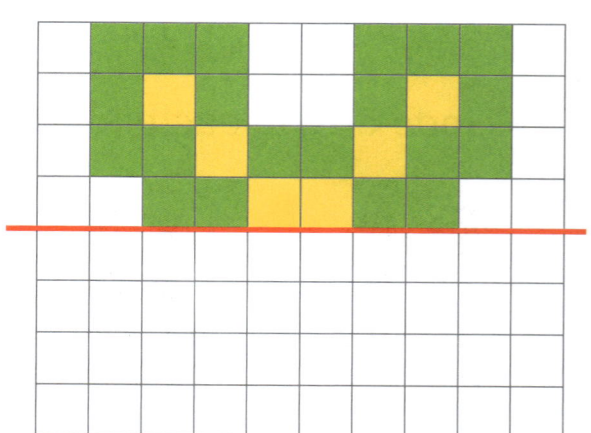

Übungen zur Addition und Subtraktion (I)

(1) Rechne und male.

16 + 3	8 + 4	12 − 3	18 − 9	19 − 7	20 − 1
12 + 3	12 + 7	20 − 8	6 + 6	11 + 8	19 − 4
6 + 3	20 − 5	10 + 9	15 + 4	7 + 8	15 − 6

(2) Bilde eigene Aufgaben.

  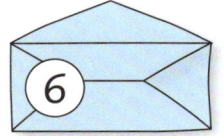 

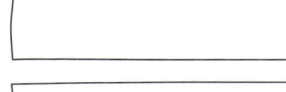 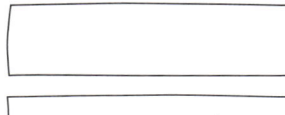 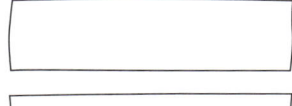 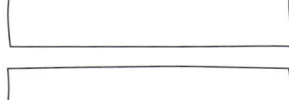

(3) Rechne und male.

  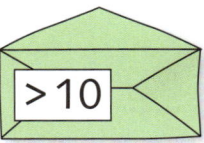

| 7 + 3 | 5 + 4 | 6 + 4 | 14 − 7 | 8 + 2 | 6 + 2 |
| 20 − 9 | 14 − 4 | 5 + 6 | 4 + 6 | 14 − 3 | 15 − 5 |

(4) Bilde eigene Aufgaben.

| 10 + 5 + 2 | ___ + ___ + ___ | ___ + ___ + ___ |
| | | |

Übungen zur Addition und Subtraktion (II)

①

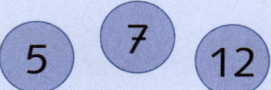	1	2	3		5		7	8	
	2	*4*		8			14		18

②

6 + 5 = ____	7 + 5 = ____	14 – 5 = __	18 – 9 = __
6 + 6 = ____	7 + 6 = ____	14 – 6 = __	18 – 8 = ____
6 + 7 = ____	7 + 7 = ____	14 – 7 = __	18 – 7 = ____
6 + 8 = ____	7 + 8 = ____	14 – 8 = __	18 – 6 = ____

③

5 7 12	8 9 17	7 6 ○
5 + 7 = ____	__ + __ = ____	__ + __ = ____
__ + __ = ____	__ + __ = ____	__ + __ = ____
__ – __ = ____	__ – __ = ____	__ – __ = ____
__ – __ = ____	__ – __ = ____	__ – __ = ____

④

+	3	6	9
5			
8			
10			

+	4	8	7
6			
7			
9			

–	4	6	10
14			
16			
18			

⑤

"Vorsicht, 4 Fehler!"

8 + 5 = ~~12~~ *13*	6 + 9 = 16 ____	7 + 7 = 14 ____
7 + 6 = 13 ____	8 + 7 = 15 ____	9 + 8 = 17 ____
9 + 5 = 14 ____	4 + 8 = 11 ____	6 + 8 = 14 ____
6 + 5 = 11 ____	5 + 7 = 12 ____	9 + 9 = 17 ____

6

7

8

9 8 > 4 + _3_ , denn 8 ist größer als _7_ .

8 > 4 + ___ , denn 8 ist größer als ___ .

8 > 4 + ___ , denn 8 ist größer als ___ .

8 > 4 + ___ , denn 8 ist größer als ___ .

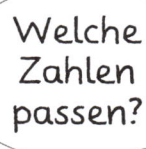 Welche Zahlen passen?

10 Trage passende Zahlen ein.

11 > 5 + ___	4 + ___ < 10	9 + ___ < 15
11 > 5 + ___	4 + ___ < 10	9 + ___ < 15
11 > 5 + ___	4 + ___ < 10	9 + ___ < 15
11 > 5 + ___	4 + ___ < 10	9 + ___ < 15
11 > 5 + ___	4 + ___ < 10	9 + ___ < 15
11 > 5 + ___	4 + ___ < 10	9 + ___ < 15

Sachrechnen und Kombinatorik

1

Frau Berg bringt für ihre Klasse Muffins mit.

Es sind ___ Schokomuffins und 9 Kirschmuffins.

Wie viele Muffins sind es insgesamt?

_____

Es sind _____ Muffins.

2 In der Kiste waren 18 Äpfel.

Papa hat ___ Äpfel herausgeholt.

Wie viele Äpfel sind noch in der Kiste?

_____

Es sind noch ___ Äpfel in der Kiste.

3

Opa will Lisa 2 Luftballons kaufen. Welche Möglichkeiten hat Lisa? Male an.

Wiederholung

① Rechne und male.

14 + 3	7 + 4	13 – 7	6 + 5	15 – 9	9 + 8
20 – 3	12 – 6	20 – 9	10 – 4	16 – 5	19 – 2

②
9 + 6 = ____   16 – 6 = ____   7 + 6 = ____   17 – 6 = ____

8 + 7 = ____   17 – 8 = __   4 + 9 = ____   18 – 9 = __

6 + 8 = ____   18 – 10 = __   5 + 8 = ____   20 – 7 = ____

③

+	3	5	8
6			
7			
10			

+	4	9	
	7		
6			
8			15

–	5	7	9
			6
16			
20			

④ Trage passende Zahlen ein.

6 + __ < 9   10 + __ < 14   13 > 8 + __

6 + __ < 9   10 + __ < 14   13 > 8 + __

6 + __ < 9   10 + __ < 14   13 > 8 + __

⑤

Ali hat 14 Sticker. Papa kauft ihm noch 5 Sticker. Nun hat Ali _____ Sticker.

Lara hat 15 Bonbons. Sie gibt Nina 7 davon. Nun hat Lara noch ___ Bonbons.

⑥

Simon sagt: „Wenn ich die Hälfte meiner Bonbons abgebe, habe ich noch 8 Bonbons." Simon hat _____ Bonbons.

Tagesablauf und Uhrzeiten

(1) Verbinde.

| 16 Uhr | 2 Uhr | 19 Uhr | 17 Uhr |

(2) Es ist am Vormittag. Schreibe die Uhrzeiten auf.

   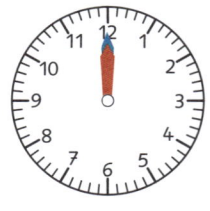

_____ Uhr   _____ Uhr   _____ Uhr   _____ Uhr

(3) Schreibe beide Uhrzeiten auf.

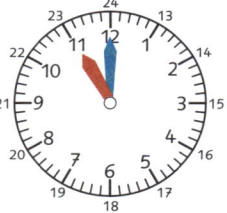   

_____ Uhr   _____ Uhr   _____ Uhr   _____ Uhr

_23_ Uhr   _____ Uhr   _____ Uhr   _____ Uhr

(4) Zeichne die Zeiger ein.

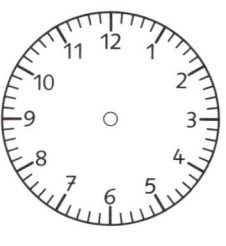 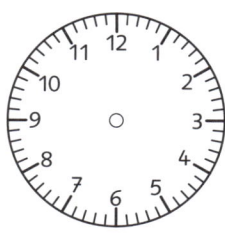 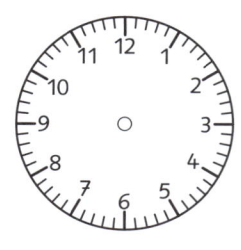 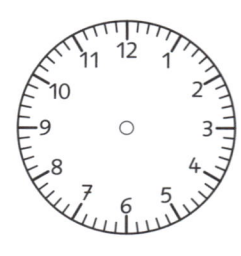

8 Uhr   11 Uhr   15 Uhr   20 Uhr

Wochentage

1 Trage die Namen der Wochentage ein.

	Mama	Papa	Nino	Paola	Jonas	Geburtstage
1 _____			Toni			
2 _____	Schwimmen					
3 _____				Turnen		
4 _____						Opa
5 _____		Fußball				
6 _____						
7 Sonntag	←		Kino		→	

2 An welchen Wochentagen wurde es gesagt?

Heute war Toni da. — Nino

_____

Morgen gehe ich turnen. — Paola

_____

Gestern waren Mama und Papa schwimmen. — Jonas

_____

Gestern waren wir im Kino.

_____

Übermorgen hat Opa Geburtstag.

_____

Vorgestern durfte ich nicht mit ins Kino.

_____

3 Erstelle einen eigenen Wochenkalender von Montag bis Freitag.

Montag	Dienstag	Mittwoch	Donnerstag	Freitag

Daten erheben und darstellen

(1) Klasse 1 hat eine Umfrage zum Lieblingssport durchgeführt.
Ergänze die Tabelle.

Fragezettel

Welchen Sport machst du
am liebsten? Kreuze an.

Fußball ☐

Handball ☐

Tanzen ☐

Tischtennis ☐

Schwimmen ☐

Ergebnis der Umfrage

🏃	ⅢⅢ I	6
	|||	__
	ⅢⅢ	__
	||	__
🏊	|||	__

(2) Zeichne das Schaubild.

Lieblingssport Klasse 1

```
7
6   X
5   X
4   X
3   X
2   X
1   X
    Fußball   Handball   Tanzen   Tischtennis   Schwimmen
```

(3) Was stimmt? ☒

Es sind mehr als 20 Kinder in der Klasse. ☐

Fußball lieben die meisten Kinder. ☐

Tanzen und Schwimmen sind zusammen beliebter
als die Ballspiele. ☐

Rechnen mit Zehnerzahlen

1 Wie viele Punkte?

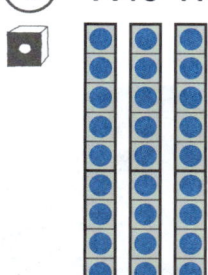 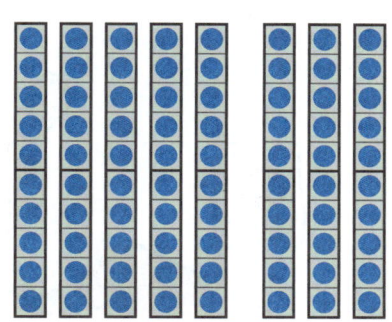 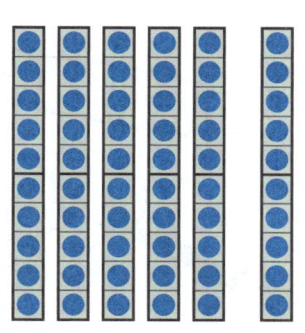

_____ _____ _____

2

3 + 4 = __	5 + 2 = __	7 + 1 = __	4 + 5 = __
30 + 40 = ___	50 + 20 = ___	70 + 10 = ___	40 + 50 = ___
7 − 5 = __	8 − 3 = __	9 − 5 = __	6 − 3 = __
70 − 50 = ___	80 − 30 = ___	90 − 50 = ___	60 − 30 = ___
6 + 3 = __	2 + 2 = __	10 − 5 = __	9 − 7 = __
60 + 30 = ___	20 + 20 = ___	100 − 50 = ___	90 − 70 = ___

3

30 + 10	20 + 30	70 − 20	80 − 40
80 − 20	20 + 20	60 − 20	10 + 50
100 − 50	100 − 40	30 + 30	40 + 10

4 Bilde drei Aufgaben zu 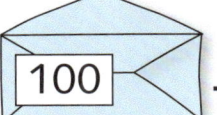.

Reise in die Klasse 2

1

100

40

10

10

7 + 4 = ___
6 + 8 = ___
12 – 4 = ___
15 – 6 = ___

12 – 6 = ___
16 – 8 = ___
7 + 7 = ___
9 + 9 = ___

16 – 4 = ___
18 – 5 = ___
15 + 3 = ___
17 + 2 = ___

Station:
2. Klasse

Station:
1. Klasse

2

| 8 | 12 | 9 | |

6 + 2   18 – 10

0 + 12   8 + 4

12 – 4   13 – 5

18 – 5   20 – 7

7 + 6   8 + 5

5 + 4   11 – 2

16 – 4   19 – 7

15 – 6   6 + 3

Der Zahlenraum bis 100